大学英语技能教学研究

王健敏　苗艳菲◎著

中国戏剧出版社

图书在版编目（CIP）数据

大学英语技能教学研究 / 王健敏，苗艳菲著 . -- 北京：中国戏剧出版社，2022.11
ISBN 978-7-104-05282-1

Ⅰ . ①大… Ⅱ . ①王… ②苗… Ⅲ . ①英语—教学研究—高等学校 Ⅳ . ① H319.3

中国版本图书馆 CIP 数据核字（2022）第 174207 号

大学英语技能教学研究

责任编辑： 齐　钰
责任印制： 冯志强

出版发行：	中国戏剧出版社
出版人：	樊国宾
社　　址：	北京市西城区天宁寺前街 2 号国家音乐产业基地 L 座
邮　　编：	100055
网　　址：	www.theatrebook.cn
电　　话：	010-63385980（总编室）　　010-63381560（发行部）
传　　真：	010-63381560

读者服务：010-63381560
邮购地址：北京市西城区天宁寺前街 2 号国家音乐产业基地 L 座

印　　刷：	天津和萱印刷有限公司
开　　本：	787mm×1092mm　1/16
印　　张：	13
字　　数：	235 千字
版　　次：	2022 年 11 月　北京第 1 版第 1 次印刷
书　　号：	ISBN 978-7-104-05282-1
定　　价：	72.00 元

版权专有，违者必究；如有质量问题，请与出版社联系调换。

前　言

众所周知，在大学英语教学中，听、说、读、写、译这五项是最为基本的技能。在这五项技能中，听读技能是输入技能，说写技能是输出技能，翻译技能则是一项综合技能。英语技能的教学是大学英语教学的重难点。英语技能的提升直接影响着学生的综合能力。

当前，关于英语技能教学的书籍主要有两种：一种主要是为了传授英语技能教学的策略，因此主要对听、说、读、写、译的课堂教学步骤展开分析，显然这与配套教材相类似；另外一种主要是介绍英语教学的理论，其中穿插英语技能教学的知识，但是这样的介绍只是宽泛的介绍，缺乏实用性与针对性。基于上述情况，作者从英语技能教学的各个层面入手分析，精心策划并撰写了《大学英语技能教学研究》一书。

本书总共九章。第一章为绪论，对教学的理论与大学英语教学的基本知识展开分析，为后面章节内容的展开做铺垫。第二、三章从信息技术入手分析大学英语教学的变革以及创新的教学模式，这些模式包括多模态互动教学模式、微课教学模式、翻转课堂教学模式、混合式教学模式、慕课教学模式。第四章至第八章为本书的重点，具体从听力技能教学、口语技能教学、阅读技能教学、写作技能教学、翻译技能教学五个层面进行论述，重点讨论了各自的理论知识、各种教学的现状以及基本的教学原则和方法，这为实施教学提供了新方法。最后一章对大学英语教学评价进行分析，通过介绍大学英语教学评价的必要性与具体策略，希望对一线教师的技能教学工作能有所启发。

《大学英语技能教学研究》一书在选题和内容上呈现出两大特色。第一，既有对理论的介绍，又有实际案例的分析，将理论与实践相结合得恰到好处。第二，细化了英语技能教学，紧扣主题对各种技能的原则与策略进行了重点阐述，提供了切实可行的教学方法。

  本书在撰写的过程中，参阅了大量有关英语教学法的书籍和期刊文献，同时为了保证论述的全面性与合理性，也引用了许多专家、学者的观点。在此，谨向以上相关作者表示最诚挚的谢意，并将相关参考文献列于书后，如有遗漏，敬请谅解。

  由于作者写作水平有限，书中不免存在遗漏之处，恳请广大读者赐教指正。

作者
2022年4月

目录

前言 ·· 1

第一章　绪论 ·· 1
　　第一节　教学的理论阐释 ··· 1
　　第二节　大学英语教学基本知识分析 ·· 12

第二章　信息技术下大学英语教学的变革 ·· 41
　　第一节　信息技术对大学英语教学的深刻影响 ·· 41
　　第二节　信息技术环境下大学英语教学的优势与挑战 ······························ 43
　　第三节　信息技术环境下大学英语教学的意义与目标 ······························ 46

第三章　大学英语教学中的模式创新 ··· 52
　　第一节　多模态互动教学模式 ··· 52
　　第二节　微课教学模式 ··· 56
　　第三节　翻转课堂教学模式 ··· 65
　　第四节　混合式教学模式 ·· 69
　　第五节　慕课教学模式 ··· 72

第四章　大学英语听力技能教学的理论建构 ··· 78
　　第一节　大学英语听力技能教学简述 ·· 78
　　第二节　大学英语听力技能教学的原则 ··· 85
　　第三节　大学英语听力技能教学的策略 ··· 87

第五章 大学英语口语技能教学的理论建构 … 94
第一节 大学英语口语技能教学简述 … 94
第二节 大学英语口语技能教学的原则 … 100
第三节 大学英语口语技能教学的策略 … 104

第六章 大学英语阅读技能教学的理论建构 … 108
第一节 大学英语阅读技能教学简述 … 108
第二节 大学英语阅读技能教学的原则 … 113
第三节 大学英语阅读技能教学的策略 … 116

第七章 大学英语写作技能教学的理论建构 … 123
第一节 大学英语写作技能教学简述 … 123
第二节 大学英语写作技能教学的原则 … 127
第三节 大学英语写作技能教学的策略 … 129

第八章 大学英语翻译技能教学的理论建构 … 140
第一节 大学英语翻译技能教学简述 … 140
第二节 大学英语翻译技能教学的原则 … 154
第三节 大学英语翻译技能教学的策略 … 155

第九章 大学英语教学评价的理论建构 … 170
第一节 大学英语教学评价简述 … 170
第二节 大学英语教学评价的必要性 … 186
第三节 大学英语教学评价的具体策略 … 189

参考文献 … 196

第一章 绪论

大学英语技能教学属于大学英语教学的一部分，而且是非常重要的一部分，因此在分析大学英语技能教学的相关理论之前，有必要对大学英语教学的相关基础知识展开探讨，为后面章节内容的展开做铺垫。

第一节 教学的理论阐释

一、教学中的教与学

教与学两种活动是单独的、双边的，也是共同的、统一的。由于教与学是两种活动、两种过程，这才有论及它们之间关系的必要性。这里首先探讨教和学的意义，其次论述我国对教学的认知和国外对教学的认知，最后讨论教与学之间的关系。

教是教师的行为和动作。教的意义一般指"讲授""教授""传授"等，当然还可以指代教学。前者指的是古老的教授，后者是将"教"作为一种职业对待。在英语中，常用 teach 来指代教，有的时候还用 instruct，因为 teacher、instructor 是教师的一种角色，而且有些学者还认为这是主要角色。就教的内容而言，可以包含知识、课程等。就教的主观性来说，可以是有意识地教，如 *Professor Widdowson teaches us Discourse Analysis*；也可以是无意识地教，如 "*The incident taught him a lot about the nature of the superpower.*"，这种研究深受第二语言习得理论的影响。

学是学生的行为和动作。学的意义是"学习""模仿""掌握"等，还有人将学和习分开，称为学得和习得。实际上，将学称为学习，是无可非议的。英语中往往使用 learn 和 study 来指代学习，这两个词表达的是学习的过程。

我国使用"教学"两字时，大多是指"教"的意思，多半受结构主义语言观的影响，如把外语教学与研究译为 foreign language teaching and research，和"外语教学—学习模式"。更有甚者把 Language Teaching & Learning 的书名译为《外语教学与学习》。把教和学分开的也大有人在，如北京外国语学院英语教授、博士生导师胡文仲先生的专著《英语的教与学》、广西师范大学教授王才仁先生的专著《英语教学交际论》中的英语教学实质是交际及其二主体论等，都渗透着分开研究的意义和内涵。但这不意味着没有共同和统一的意义。但是我国的研究很多是"有意无意地"认为"教师教了，学生也就学了；多教多学，少教少学，不教不学"。这样的"学"，归结于教，简单地从属于教（王策三，1985）。然而多数研究者把教与学分开来研究，也没有形成其独特的学术观点。这里并不是说作者研究得深刻，而是作者认为教学及其关系尚待共同深入研究。

外国对教与学、学与习一直是分开研究的，这与他们的"分析、分析、再分析"的观念有关。他们不仅研究教与学、学与习的过程问题，还研究其结果，这就形成了学得与习得的概念。我们在这里所要讲的是学习不仅指直接从教师那里得到或自己学到或操练获取的，也不仅是技能和知识的掌握，它还指 *learning to learn and learning to think; the modification of attitudes; the acquisition of interests; social values, or social roles; and even changes in personality*。这就增加了学生教育、学生培训的内容，社会以及个人对学习乃至教学的外部和内部影响。这种广义的学习内涵得到了国外广泛的认可。斯特恩不仅对学习研究得深入，而且对教授与学习之间的关系也有着较为独到的见解，他说："*Language teaching can be defined as the activities which are intended to bring about language learning*。"[①] 他指出教授的目的是让学生学习，再好的教学理论也需要满足学生的要求，否则就会受到批评。除了我们在前面讲的教的内容外，他还指出教的内容包括"*the training of teachers, as well as making the necessary administrative provision inside or outside an educational system*"。

---

① 隋铭才：《英语教学论》，广西教育出版社 2001 年版。

英国著名第二语言教学专家 V. 库克指出："教授的证据在于学习。"① 这说明了教与学的关系更接近于我们的实际。我国的许多教学模式实质上是学习模式。评估教师教的优劣，要看学生掌握知识和技能的程度的高低，另外在教学评估过程中还要参考学生的认知程度、心理特点，从而使教师的教授活动能促进学生的学习活动。

二、我国的外语教学

（一）我国外语教学的历史与现状

1. 外语教学的历史

我国中小学外语教学，在 1840 年鸦片战争之前便已开始。据考证，1842 年 11 月 1 日，马礼逊学堂从澳门迁往香港。鸦片战争后，西方列强对我国的入侵日益加剧，国人逐渐认识到学习外语的必要性，清政府于 1862 年创办京师同文馆，教授英、法、俄、日等语言。从此我国开始了较为正式的外语教学。光绪年间，张之洞于 1898 年 3 月在《劝学篇》中提出"中学为体，西学为用"的主张，成为当时的教育宗旨。根据这个宗旨，光绪二十八年（1902 年），管学大臣张百熙拟订了《钦定学堂章程》，但当年并未实施。翌年，即 1903 年，在原基础上，张百熙与张之洞等人对其加以修订而成《奏定学堂章程》。这一段历史，可谓史前史。在此期间教学单位多为小学，规模不大，人数甚少，亦有少数中学堂，多分布于东南沿海地区。

从 1903 年的《奏定学堂章程》到 1922 年实行"新学制"前的 20 年间，中小学教育设施一般以模仿日本为主。就外语教学来说，大致有以下几个特点：

①课时比较多，一般每周 8 个课时左右。

②教学方法以翻译法为主，比较侧重培养阅读和翻译能力。

③语音方面，一般只是教字母和拼音，口耳相授，绝少讲授发音知识。

从 1922 年实行"新学制"，整个教育设施，从学制、学科、教材到教法，由模仿日本为主改为模仿英美为主。此后，就外语教学而论，始终没有重大的变化，

---

① 隋铭才：《英语教学论》，广西教育出版社 2001 年版。

直到1949年中华人民共和国成立。

此阶段外语教学大致有如下特点：

①课时有所减少，除教会学校外，一般每周5个课时左右。

②西方语言学、外语教学的新理论对外语教学产生一定影响。语法翻译法开始受到挑战，直接法被部分教师所接受。语音教学逐渐被重视，国际音标开始逐步推广。

③学生接触外语的机会较多。在条件较好的中学，数、理、化、外国史地等课程都采用原版课本。这对外语教学产生了不小影响。

④外语教材品种较多，中国人自编教材较前者更切合实际。

中华人民共和国成立后，我国外语教学经历了一个曲折发展的过程。20世纪50年代前期，我国外语教学恢复较快，并有了很大发展。但是，囿于当时的社会思潮和国际形势，20世纪50年代中期后，外语教学指导思想发生重大变化。首先是停止教学英语课，然后是轰轰烈烈的俄语热，英语教师大多改行，使英语教学大为削弱。教育部决定自1954年秋季起，初中暂不设外语，以集中力量加强高中外语课。此间外语教学基本上是摇摇晃晃，没能稳步前进。实践证明，片面发展俄语忽视英语，初中暂停开设外语是一个极大的失误。它不仅使中学外语水平下降，而且对以后的高校外语教育有极大的损失。这是应该吸取的深刻教训。

20世纪60年代前半期，中学外语教学改头换面。从1962年起教育部规定，外语正式列为高考科目，成绩计入总分，从而使师生更加重视外语教学。1963年，教育部颁布了《全日制中学暂行工作条例（草案）》，条例明确规定："外国语是学习科学文化知识的重要工具，应大力加强外国语学科的教学。应该根据师资条件，开设俄语课或者英语课，应该逐步做到高中毕业生具有初步阅读外文书籍的能力。"1964年教育部又制定了《外语教育七年规划纲要》，进一步强调加强中学外语教育。《纲要》要求："学过六年外语的高中毕业生，一般掌握3000个单词左右，能阅读浅近的外文书报，并能进行简单的会话。"

2. 外语教学的现状

1976年10月以后，中学外语教学与其他工作一样，也得以复苏，重新起步，稳步前进。党的十一届三中全会以来，中学阶段普遍设置了外语课。对外开放政策的实施，使社会上兴起了一股外语热（主要是英语）。1978年改革高考制度后，大中学校的外语教学开始同步起飞，取得了长足的发展。具体表现在以下几点：

①各级教育行政部门和学校加强了对外语教学的领导，通过多种途径努力培养中学外语教师；制订了中学英语、俄语教学大纲，编写了通用教材，并编写印制了与之配套的教学参考书，补充读物、图表、录音、录像等。

②各级师范院校、教师进修学校为培养提高外语教师水平做了极大努力。

③各级各类教研组织健全，教研活动蓬勃开展。

1992年，中国共产党第十四次全国代表大会召开，确立了社会主义市场经济。先是"利用资本主义"，接着"大胆吸收一切文明成果"，后者是对前者的广义解释，又具有充分理性的剖析，是我们同世界各国各民族交流信息应具有的风度和理直气壮的声称。当今时代比任何时期都更需要外语，特别是英语作为国际交流的媒介。1993年推出了依据九年义务教育制度初中英语教学大纲而编写的六套英语教材，供各地选用。从此，我国的基础外语教育进入了一个新的发展阶段。

（二）我国的外语学习研究

1. 外语学习的过程

在英语教学中，虽然有人提出"英语作为第二语言的教学（TESL）"有别于"英语作为外语的教学（TEFL）"，但其差异主要存在于教学环境、学习动机等方面，其学习的心理过程应该是一样的。因此，我们在此将"第二语言学习（Second Language Learning）"和"外语学习（Foreign Language Learning）"看作同一现象，进行讨论，并统称为外语。

尽管不少研究发现外语学习与母语习得之间有不少相同之处，甚至有人认为两者完全一样，但事实上两者间是有一定差别的。例如，学习条件和学习效果，儿童学习母语可以不受时间限制，在非正式场合接触大量的语言材料，而且很少有像成年人那样的心理压力，从而可以自由地练习。此外，母语学习者多是年龄很小的儿童，其智力尚未发展起来；模仿力强，理解力差；短期记忆力强，长期记忆力差。成人则相反。而且，成人已经具备了一门语言，在学习外语时，母语不可避免地要参与这一过程。因此，外语学习者实际上是在对两门语言进行操作。这就自然导致了外语学习理论不可能与母语习得论完全一样。所以，外语学习理论可以适当借鉴母语习得的理论，但应有自己的特殊性。在外语教育的历史长河中，教学法流派纷呈，花样繁多，但它们对于外语学习过程的心理特点都有一个基本的假设：要么将外语学习等同于其他普通知识的学习或一般技能的养成；要么将其看作与母语习得过程一样。只是到了21世纪，一些学者才逐渐对外语学习进行专门的研究。迄今为止，影响较大的外语学习理论有四个：塞林克（Selinker）的"中介语"（Inter-language）理论，舒曼（Schumann）的"文化移入"（Acculturation）理论，山普申（Sampson）的"渐进体系"（Approximative system）理论和克拉申的"监察"（Monitor）理论。在此我们只介绍其中影响最大的克拉申理论。

（1）克拉申的第二语言习得论

克拉申原是美国南加利福尼亚大学语言学系的教授，后转入该校的教育系。他所倡导的第二语言习得论无疑是当今世界上最有影响力的外语学习理论。近一二十年来，该理论虽受到了不少挑战，但也得到了许多实验的支持。可以认为，克拉申的理论极大地影响了最近十几年外语教学的各个方面：从课程设置、教材编写到课堂教学。

克拉申的理论一般称为"监察"理论（Monitor Theory），它由5个关于外语学习的假设构成。

第一，学习—习得区别假设。克拉申指出，成人是通过两条不同的途径学会外语的。一是学习（Learning），二是习得（Acquisition）。学习是指有意识地掌握外语的语法规则及其运用，习得是无意识地形成语言能力的过程。这一过程非常近似于儿童习得母语的过程。

第二，自然顺序假设认为在自然习得（非正式学习）时，学习者是按一定的可以预见的顺序学会语法结构（主要是词法）的。

第三，监察假设。该假设指出，习得在外语学习中起主要作用，它是形成流利地运用外语的能力的关键途径。学习（有意识的语法知识）只是对运用语言进行"编辑"或"监察"。而且这种监察还只能在学习者有充足的时间，已经掌握了要用的规则，并专门注意到语法的正确性时才能实现。

第四，i+1 输入假设。该假设主张外语教学的输入，即学习材料，应该超过学习者的现有能力（i+1，而不是 i），因为只有当学习材料含有略微超出现有水平的语法结构时，习得才会产生。不过 i+1 的意思并非盲目加大难度，学习材料必须是"可理解的"，即虽高于现有水平，但学习者可以通过上下文、背景知识和其他非语言线索理解材料。该假设还认为，学习者首先追求的是"意义"，而不是语言的形式，然而，追求意义的结果自然是习得形式（语法结构）。但是，该假设并不主张刻意强行将所谓"合适"（i+1）的结构安排在学习材料里，因为按照克拉申的说法，只要是成功的交际活动（教学活动），里面必定有充足的 i+1 结构。此假设还强调，流利的口语是不可教的，只能随着时间的推移自然形成。克拉申还指出，尽管初期的口语会有很多语法错误，但随着学习者接触到更多的语言材料，他的口语会越来越准确。

第五，情感过滤假设。该假设宣称，只有在最佳情感条件下，才会产生真正的习得。最佳情感条件包括：学习者动机强烈；学习者信心十足，自我感觉良好；心情轻松，焦虑程度低。

克拉申的外语学习论对外语教学有很多直接的启示。他本人也曾提出过一些将这一理论转化为实际教学方法的建议，其中包括如下几点：

第一，外语课堂的主要职能应是形成良好的低"情感过滤"的学习环境（学生积极性高，心情愉快），并在此环境中提供"可理解输入"（i+1 的学习材料）。

第二，课堂教学对初学者和在非外语环境中学习的学生最有用，因为除了课堂外，他们很少有获得"输入"的机会。在此种情形下，课堂是学习材料主要的来源。

第三，理想的输入（学习材料）应该是可理解的、趣味性强且与学习者相关的，不按语法顺序进行排列的，大量以保证足够的 i+1，而且是在学习者愿意接受的一个情景中呈现的。

第四，课堂上应尽量避免纠正学生错误，因为纠正错误对习得语言毫无作用，而且对学习规则作用也很有限。况且，纠错容易引起学生情绪上的抵抗。

（2）质问克拉申：后克拉申主义

和其他任何理论一样，克拉申的外语习得论从一诞生就激起了一次次的激烈辩论，大批的反对者从各个角度对此理论展开猛烈的攻击。在众多的质问中，以下几个问题尤其发人深省：

第一，我们凭什么怀疑有意识的规则学习的价值，而同时又一再声称外语学习中存在着最佳运用监察的情况？反对者认为克拉申虽然否认了有意识规则的"真正"价值，但同时他似乎又急于运用这些规则。他一方面宣称有意识的监察会促进"吸入"，某些规则易于用于监察之中，而且优秀的学习者应该能够自己总结学习规则，宣扬有意识的语言知识的重要性。然而，另一方面他又坚决主张，监察只是在某些特别的情景中有效，否认监察的价值。

第二，初学时过分注重语法规则（监察过分）的学习者到了高级阶段是否真如克拉申所断言的，仍然和初学时一样，结结巴巴，一点也不流利？迄今尚无足够的历史研究证据来证明克拉申关于早期监察过分会妨碍日后流利程度的发展的论断。

第三，准确地说，规则到底是怎样习得的？学习者到底是怎样掌握并学会运用规则的？尽管很多人都会认为，像语法翻译法那样的死记硬背不可能培养出运用规则的能力，但我们也不能因此而认为规则不存在了，或者像克拉申所坚持的，我们不是时时都在想着规则。

此后，人们还对习得与学习到底有什么差别，是否应该纠正错误等关键性假设产生了质疑。围绕这些质疑所进行的研究结果便形成了我们所说的"后克拉申主义"。后克拉申主义的最大贡献在于它对克拉申关于学习与习得假设的挑战和修正。后克拉申主义认为克拉申提出的学习—习得假设没有任何实践的证明；克拉申赖以证明其理论的两种教学法："全身反应法"和"自然法"的效果只是小型实验的结果，能否在真实教学情景推广尚无证据。相反，大量研究表明，有意识的学习（后克拉申主义称之为"控制的学习"）不但能够转化为无意识的习得（后克拉申主义称之为"自动的过程"），而且更重要的是，学习是习得的基础。他们强调，外语的学习和下棋一样，必须先有意识地学习并掌握规则，对规则的熟练掌握会逐渐引向创造性地运用。数学及一些体育运动的技能养成也是一样，先有意识地学习一些规则比只是通过观看别人做数学题或打篮球来琢磨规则要现实有效得多。所以，后克拉申主义主张外语学习最好还是从一定的规则学习开始。先模仿、记背一些材料，在大量练习之后，这些规则就会变成"无意识的"内在使用规则，可以做到运用自如。

后克拉申主义对"见错不纠"也颇不以为然，他们认为，如果在学习初期不对学习者的错误进行纠正，或者不对语言的准确性和正确性做出要求，学习者的外语就会"化石化"，即学到一定程度后，就像化石一样，固定起来，无论怎样努力也不会有丝毫改进。"化石化"现象十分普遍，实际上可以说，绝大多数学习外语的人都以一种"化石化"了的语言能力告终。什么原因，尚不得而知。但早期过分注意"流利"，过早地让学生"创造性地运用语言"与此有一定关系。因此，后克拉申主义主张早期应对错误应进行适当纠正，但也不是"有错必纠"。

2. 影响外语学习的因素

（1）学习策略

学习策略是心理学不断发展的产物，与学习者的认知方式紧密相关。现代心理学研究的不断深入使人们认识到人脑的学习机制是可以探知的领域，与此同时也促使第二语言习得的研究逐渐由"教"转向"学"，转向对学习者及其学习策略的研究。这里需要区分学习者策略和学习策略这两个概念，学习者策略是学习者在学习过程中所采用的各种策略，除了学习策略，还包括元认知策略、认知策略等，也就是说二者是全集和子集的关系。国内外对学习策略的研究主要有两种：描述性研究和介入性研究。

吴勇毅（2001）介绍了这两个方面的学习策略研究，他指出学习策略的"描述性研究"主要是确认学习者使用了何种学习策略，并进行定义和分类，同时进一步发现学习者如何选择和使用策略，以及这些策略是否有效。"介入性研究"建立在描述性研究的基础上，期待将描述性研究的成果应用到教学中，教给学习者有效的学习策略，并引导他们根据个人特点和学习目标选择适合的策略以帮助他们提高学习效率。另外，在学习策略的定义和分类方面，钱玉莲教授做了不少研究。

国外关于学习策略的研究开始于20世纪六七十年代，那个时候的研究主要是描述学习者使用的各种策略，并试图揭示语言习得成功者的学习策略，进而发现有利于提高学习效果的学习策略。20世纪80年代以后，在二语习得理论和认知理论的支持下，学习策略研究发展很快，而且有了更为详细和科学的分类，其内涵和外延都不断扩大，然而始终缺少一个统一的理论框架，并且研究者们对学习策略的认知和定义也并不一致。20世纪90年代以来，大量的实验研究拓展了学习策略研究的领域，人们认识到成功地习得一门语言远比人们想象的要复杂得多，学习者的性格、爱好、学习观念、奖惩制度等各种因素都会影响学习者学习策略的选择。成功的语言习得者所采用的策略并不一定适用于所有学习者，教师在引导过程中要考虑学习个体的性格差异、年龄差异、文化差异等诸多因素，同时学习策略的发挥也是存在各种变量因素的。

刘治、刘月珍（2000）系统地介绍了国外二语习得学习策略的介入性研究，主要包括理论基础、操作程序和有效性等几个方面。

我国汉语习得研究中对学习策略的研究还处于起步阶段。但学者们的研究大多比较务实、细致，针对具体问题提出了解决方案。

吴平（1999）通过对留学习者汉语写作错误的分析，探讨了留学习者经常错误使用的四种学习策略，包括"（语际/语内）转移、（过度）概括、简化和回避"。

吴勇毅（2001）认为徐文所采用的统计方法没有江文的科学和细致。这表明，在进行学习策略等研究时，统计方法的科学使用以及分析的合理细致是至关重要的。

吴勇毅、陈钰（2006）采用量表测试对24名外国学习者的听力学习策略展开了调查和研究。通过对善听者和不善听者的对比分析发现，二者在听力时采用的策略，包括元认知策略、认知策略和情感策略等差异明显。前者在听力过程中，不仅关注意义，还很注意语言的形式，他们会使用多种策略，以达到主动参与而不是被动接收的目的，这样使得他们在策略选择上更为灵活多变，遇到的困难也就更少。

鉴于汉语的特殊性，在进行学习策略理论基础研究的同时，应更多地对具有汉语特点的学习者进行策略研究。在全球范围内，不同文化圈的学习者在习得语言时采取的策略也可能是有规律性区别的，因而进行不同文化圈学习者策略的对比是有必要的。学习策略的有效性以及培训的实验研究不管是在外语教学界还是在对外汉语教学界都应该逐步深入。

"学而不思则罔，思而不学则殆"，这一观点的提出指出了学习策略是非常重要的。法国学者卢梭也证明了这一点，甚至在卢梭看来，策略的形成比获取知识更为重要。不管是谁，在学习中都会运用到学习策略，但不同的是，有些人运用学习策略具有自觉性，有些人使用学习策略是不自觉的。

学习策略对于学习者的学习过程是非常重要的，如果是积极的学习策略，那么必然有助于学习者的学习。众所周知，预习是非常重要的，但是很多学习者由于课本中存在很多的生词，他们无形中就认为预习就等同于查询生词，很少有学习者认识到课文中存在的难点。由于学习者对难点的查找是不自觉形成的，未将这一项目作为预习的重要层面，因此导致未实现预习的效果，这样的预习也就是可有可无的。

如果没有充分的预习，学习者在课堂中就很难学习到知识的深层意义，也不会集中注意力在学习之中。学习者本身没有疑点，在学习中就不会向教师提出疑问，那么课堂就变成了教师教授、学习者记笔记的情况。反之，如果学习者能够对学习策略进行有效运用，提前做好预习的准备，那么就会在课堂上主动索取，并发现问题，解决问题。这样学习者就会不断提升自身发现问题、解决问题的能力。

（2）学习观念与态度

所谓学习观念，即学生对学习产生的一些看法。关于自主学习，大学生存在一些基本的看法，如自主学习与成绩之间的关系、自主学习与学习策略、学习能力之间的关系、自主学习与自身素质之间的关系等。

一般来说，学习策略、学习成绩、学习能力等因素都会对大学生的自主学习产生影响，而学习策略主要对大学生的学习意愿、学习时间、学习方法等产生一定的影响。学习者的身体素质也会对自主学习产生影响，尤其是对学习结果、学习方法等。学习者的自我效能感也会对他们的学习意愿、学习方法等产生影响。

所谓学习态度，即学生对学习及学习情境呈现的一种稳定的心理倾向。根据研究，学习态度能够对学生的学习行为进行调控，对学生的学习效果产生影响，并能够影响学生的忍耐度。如果学生的学习态度比较积极，则他们的自主学习意愿普遍较高；相比之下，如果学生的学习态度较为消极，那么他们是不愿意进行自主学习的。

第二节 大学英语教学基本知识分析

一、大学英语教学的现状

（一）受"应试教育"的影响

在传统教学模式中，应试教育是一个基本的目标，其主要目的是让学生成功通过考试。例如，在大学阶段，学生特别注重四、六级考试成绩，因为在他们看来，只要通过四、六级考试，就能够顺利毕业。但是，这样的考试就失去了英语教育的意义，也很难提升学生的英语实际应用能力。

（二）师资水平参差不齐

在大学英语教学中，教师是重要的组成因素，有重要的引导作用。因此，教师素质，与学生对英语学习的积极性有着直接的关系。但当前，很多学校的师资力量紧张，并且师资水平也存在差异，导致大学英语教学存在明显的师资方面的问题。

（三）课时的局限性

由于各个高校的生源、师资力量存在较大的差异，《大学英语课程教学要求》将大学英语教学要求分为三个阶段，即一般要求、较高要求与更高要求。其中一般要求是最低要求，为达到这一要求，很多高校一周开设四节课，但是四节课很难让教师兼顾听、说、读、写、译各个层面，从而导致学生即便学到了知识，也很少进行应用。

（四）教学模式单一

在当前的大学英语教学中，并未进行足够的分类指导，这与当前经济与科技发展对人才的需求并不相符。由于招生规模比较大，班级人数比较多，导致很难控制教学活动，造成任课教师在教学安排、教学内容等层面采取了"一刀切"的办法，这很难凸显学习者的个体差异性，很难将学习者的学习兴趣和积极性激发出来，也压制了学习者学习英语的主动性。长此以往，学习者自主学习能力的培养成为一纸空谈。即便是一些基础较好的学生，他们也没有脱颖而出的机会，因此也很难培养自身的应用能力。

（五）教材方面存在弊端

从很大程度而言，教材决定课程的教学内容与方法，因此无论对于什么课程来说，教材的选择与运用非常重要，大学英语教学也不例外。

但是，在我国当前的大学英语教材上，内容多是注重文字与争论，忽视了实用性。虽然当前我们也引入了大量的国外教材，但是这些教材与我国的教学需要并不完全适应。因此，我国的教材仍旧存在明显的弊端。

（六）教学设备不能适应教学要求

一些条件比较差的大学，它们的多媒体教室比较少，并且设备较为陈旧，很难达到大学英语教学的要求。多媒体教室的使用、更新、维修等还需不断完善，一些教学移动硬件缺少，而且教学课件的引进、制作等还处于起步阶段，从而导致很多多媒体教室也未得到应有的使用。

二、大学英语教学的创新理念

（一）体现学生主体地位

1.学生的主体地位

第一，学生是英语学习的主体。在英语教学过程中，教师和学生都是参与者，两者都是重要的主体，但是两者所处的环境是不同的，教师是英语教学中起主导作用的主体，其主要职责在于"教"，而学生主要是"学"，因此在英语学习中，学生是主体。

第二，学生是英语教师的合作者。在英语教学中，教师和学生是直接参与的两个主体，同时，英语教学中有些项目动作是需要英语教师和学生共同来完成的，只靠教师的"教"是无法达到教学目的的，所以需要学生的配合，才能使教学活动顺利进行并保证教学效果。

第三，学生是英语文化的继承者和创造者。学生在英语学习过程中的一个重要学习任务就是不断汲取英语的相关知识，如英语文化知识，这样才能对英语的理解和感悟不断更新升华，形成创新性的英语文化。与此同时，学生在英语文化方面也要具有一定的创造力，通过不断的创造，使所学的英语文化得到良好的传承和发展。

2. 学生主体性的体现

学生在英语教学中的主体地位是毋庸置疑的，苏霍姆林斯基"让每个学生都抬起头来走路"的教育信条，就将学生的主体性地位充分体现了出来。一般地，英语教学活动中学生的主体性可以从以下几个方面得以体现。

第一，对教育影响的选择性。教师的教育影响并不能让学生全盘接受，只有那些与学生自身的特点和需求相符的教育影响，才能为学生所接受。学生有根据主体意识，积极地或消极地进行选择的权利。

第二，学习的独立性。学生本身具有个体化特征，这就决定了其在学习起点、学习的目标与追求、制约学习的个性心理特征等方面也有所差别。因此，就要求教师在英语教学中遵循因材施教的原则。

第三，学习的主动性。学生学习活动的主动性、自觉性是学生学习主体性的本质体现，英语教师的教学活动要建立在学生对英语学习的自觉的、主动的、自我追求的基础上。

第四，学习的创造性。学生在英语教学任务的方式、方法、思路以及对问题的认识等方面的完成与实现，与教师所教的内容或方法并不是存在着完全的关系的，其中，也能将学生的一些创新性和创造性体现出来。因此，英语教师要在认同这种创造性的同时进一步给予鼓励。

3. 发挥学生主体性的条件

学生在英语教学中主体性地位的重要性已经显而易见,那么要实现这种作用,需要具备的条件有哪些呢?

第一,教师的教授目标与学生的学习目标相协调。在英语教学中,英语教师首先要将"为什么教英语"的问题明确下来,要充分理解社会对英语教育的要求和期待,让学生最终能够获得理解能力、学习能力、领悟能力等。但是这些并不是全部,还要求英语教师将教授的目标转化成学生学习的目标,即学生要理解、学习和领悟的内容有哪些。

第二,教师和学生共同拥有英语教材。这主要是指英语教师在明确教学内容和教学的方法、手段的同时,还要让学生明白其所要学习的内容和方法、手段。要使学生在学习过程中始终对所学内容的文化体系和技能体系有个概念,同时对本教材目标与总目标的关系、本教材的科学教程、本教材的重点、本教材的难点以及本教材与自己身心发展之间的连点等有充分的了解,只有这样师生才共同拥有"把握英语教学导向目标的载体和道路"。

第三,教学情境应该自由民主。良好的教学情境对于英语教学的开展是有帮助的。因此,英语教师要做好这方面的创设,以此来对学生的好奇心和探索欲进行激发,引导学生提出各种各样的问题。民主性能够从尊重学生的人格,理解他们的学习基础以及原谅他们在学习中的缺点和错误等方面得以体现。

第四,教师对学生的学习方法要足够重视。要充分发挥学生的主体性,就必须让学生在"学习方法"上具有自主性和主动性。当前,英语教师的一个重要任务就是积极转变学生的学习方式,使多样化的学习方式逐渐取代单纯他主的、被动的学习方式。与此同时,英语教学中的"自主性学习"和"研究性学习"也要进一步加强。

(二)以培养学生的交际能力为目的

语言是交际的工具,学习一种外语是为了掌握这个工具并运用它进行交际。因此,大学英语教学的最大特点就是以培养学生的交际能力为主要目的。能力的培养和提高离不开实践。大学英语教学就是要为学生语言实践创造环境和条件。大学英语教学的这一主要目的决定了教师在教学中的各个环节，必须以培养学生的交际能力为出发点组织教学活动，想方设法调动学生参与课堂活动的积极性，在精讲多练的原则指导下，引导学生进行大量的、多循环的、从易到难的、从简到繁的操练，通过这样的操练，培养学生的英语语感，逐步达到熟练自如的程度。

大学英语教学强调精讲多练，但并不意味着全盘否定教师的讲解作用。毋庸置疑，教学中教师对语音、词汇和语法知识的适当讲授是完全必要的。但教师讲授这些知识不仅仅是为了让学生了解这些知识，更重要的是为了指导他们的语言实践，提高他们听、说、读、写、译等方面的能力，最终达到运用英语进行有效交际的目的。传统的大学英语教学模式过分强调语言知识的讲解，忽视学生交际能力的培养。教师往往从语法到语法地满堂灌，学生成了语言知识的被动接收者，其结果必然导致学生只会背语法，即"聋哑英语"，难以进行语言交际。因此，要培养学生的交际能力，必须打破传统的教学模式，正确处理好教与学的关系。为了有效地发挥教师课堂讲授的作用，教师对英语语言知识应采取"化整为零，各个突破"的战略，即对整个知识结构宏观控制，分散讲授适时适度恰到好处。在此原则基础上，创设语言情境，采取以学生为主体的教学方法，引导学生对所学的语言知识进行形式多样的训练，只有这样，学生对语言知识才能学得活，记得牢，用得上。否则，教师包罗万象，讲得头头是道，学生却听得糊里糊涂，所获无几。实践也证明：以培养学生能力为主要特点的大学英语教学不仅能帮助学生较好地掌握英语语言知识，而且能逐步培养和提高他们运用英语的能力，从而达到大学英语教学的根本目的。

（三）提倡学生自主学习

当前，自主学习不再作为一种学习方式在学习领域存在，而是被视作一种课程论领域的课程目标，也作为一种教学论领域的教学方法。因此，有必要对自主学习进行界定。在这里，自主学习主要视作一种学习方式，而学习方式对于学习者而言是比较偏爱的东西，是学习者在学习中表现出来的东西，是个人特色与学习倾向、学习策略的综合。

简单来讲，本书所说的自主学习主要是基于教师的指导，运用元认知策略、动机策略与行为策略三大策略，进行主动学习的一种手段。一般来说，对于这一定义可以理解为如下几个层面：

第一，首先需要界定这三种策略。所谓元认知策略，即在获取知识的过程中，自主学习者在学习中制订学习计划、确定学习目标、组织自身的学习、对自己的学习进行监控与评价。这些程序使得他们的学习更具有自我意识性与见识性。所谓动机策略，即学习者展现的自我抱负与自我效能，以及对自己的学习是否感兴趣。在他人看来，这些学习者也是激发自己能力的人，他们越是努力，越是持之以恒，越能够坚持下去，就越能够取得好的学习效果。所谓行为策略，即学习者对学习环境进行选择、组织与创造，他们向他人进行咨询，并寻找适合自己的信息，为自己创造合适的学习环境。他们往往通过自我指导来进行学习，通过强化自己，执行自己的计划。

第二，对于这三种学习策略，学习者往往是自觉运用的，即他们在学习中都往往是有意识地对这三种策略加以运用，这就是虽然很多学生的学习已经涉及了自主学习的成分，但是还需要不断提及的原因。然而，很多学生的自主学习并不是有意识的，他们往往是无意识的。其主要表现是许多学生并不能说明其所运用的学习策略，或者是不明白其所运用的学习策略与其所取得的学习结果之间的关系，所以就有许多学习好的学生不知道自己成功的经验是什么，而学习困难的学生不知道自己学习的障碍何在，应该从何处入手加以改进。而自主学习要求学生自觉地运用这些学习策略，必要时还需要对策略进行记录并加强练习，以对这些策略的使用熟练到自动化的程度。

第三，学生的自主学习往往需要主动，并且通过主动的学习来达到一定的成效。关于主动，首先表现在学生的学习动机是激发出来的；其次表现在学生对各种学习策略的运用。从而达到一定的成效即有效性，这主要表现在学生通过自主学习来不断提升自身的能力，他们能够随时考虑学习任务的难易程度，对学习方法进行调整；另外，还表现在他们不断提升自身的学习成绩以及自我效能感。当然，正如《自我调节学习：实现自我效能的超越》一书中多次提到的那样，学习策略的更新可能会造成学习成绩的一时下降，学生的自我效能感也会受此影响而暂时有所下降。这些都是在所难免的，因为每个人对学习策略都有一个适应的过程，关键是自主学习的最终结果是提高学生的学习成绩及其自我效能感。

1. 自主学习的意义

（1）教育教学的指向

按教育教学理论，所有的教育行为都要通过学生自身的努力才能起作用。因此促使学生积极主动地学习是所有的教育教学理论、所有的教学原则和教学方法的不二法门。学生积极主动的学习，从根本上来说就是指向自主学习的学习行为。现代的许多教育教学理论都把学生视为学习的主体，注意在教育教学中促进学生自觉学习，而且把学生们主动的自觉学习视为实现教育教学目标的主要的甚至唯一的途径。在这种理论背景下，如果能使学生自己确定学习目标、自己选择学习方法、自己监控学习过程、自己评价学习的结果，那么就达到了教学的至高境界。而这恰恰是自主学习的基本要求。现代教学理论还十分重视学生在学习中的情感，许多学科的教学目标中都有情感态度与价值观的内容，重视情感体验，把情感体验与认知系统相结合以达到自我整合，也是自主学习的基本要求。由此看来，自主学习可以说是许多教育教学理论的理想，是人们教育教学活动所指向的目标。

从学习来看，系统性的文化知识能力的学习，本质上是一种个人行为，没有主体的有意参与是不可能成功的。自主学习要想取得若干成果，必须有学生的自觉参与，"机械学习"或"他主学习"则排斥或不注意学生的自主参与。从学生学习的角度看，所有的教学行为都应指向学生的自主学习。由此看来，任何一种教学模式，任何一种教学方法，本质上都应以促进学生的自主学习为目标。

（2）发展的动力

人的发展表现在各个方面，对于现代社会而言，特别看重的是创新精神，它是基础教育的培养目标，也在《基础教育课程改革纲要（试行）》中作为培养目标的组成部分。因为自主学习对创新精神的培养有"推动发展"的功能，所以本书视自主学习为"发展的动力"。

创新现在受到了空前的重视：经济的发展贵在创新，科学技术的发展贵在创新,一个民族的昌盛也贵在创新。江泽民同志曾指出:"创新是一个民族的灵魂,是一个国家兴旺发达的不竭动力,没有科技创新,只是步人后尘,经济就永远受制于人。"

在21世纪这个面临知识经济挑战的时代,国家的创新能力是关系到一个国家综合国力、国际竞争力和在世界总体格局及经济全球化中的地位的重要因素,国家的竞争归结为创新能力的竞争。因此提高创新能力就成为各级各类教育的重点,为此必须提倡并培养创新精神。

创新精神的培养可以从"策略机制"入手,实际上创新精神的培养工作也的确是从策略机制出发的。在教育教学中按照创新的策略机制,可以对自主学习的教学过程进行解释,也就是用自主学习的要求解释按照策略机制进行创新教育培养的问题。

2. 学生自主学习的实现途径

(1) 改变单一的教学模式

传统的教学模式往往比较单一,采用的是教室+板书的形式展开教学。但是,在新时代,这种教学模式已经不适应大学英语教学的要求,需要改变教师单纯讲授,学生仅仅在课下死记硬背的传统教学模式。对于教师来说,他们需要创造多媒体教学环境或者网络教学环境,利用先进的教学资源,改变单一的教材、参考书模式,使学生能够在多媒体教学环境或者网络教学环境中对网络课程资源进行主动挖掘,对有效的网络知识进行主动的学习,从而不断提升自己的自主学习能力。

(2) 激发学习兴趣

心理学上,兴趣的含义是个体对某人或某事物所表现的选择时注意的内在心向。兴趣与动机是紧密联系的:一方面,两者都可视为引起个体行为的内在原因;另一方面,两者又有一定区别,动机所促动的行为虽趋向某一目标,但目标未必一定能达成,只有因动机而产生的行为获得了目标的达成,个体才会产生对某一行为的兴趣。因此,兴趣可视为动机的定向,而动机之所以定向,是由于行为后获得了满足。兴趣就其内容来看,是一种个性心理倾向;就其过程来看,是一种情绪状态。

一般来说，课堂讲授除了要求对知识的科学性、严谨性外，一般还具有表演性、创造性、审美性和情趣性的特征。在课堂教学的过程当中，由于教学内容的差异，讲授方式是千差万别的：有时适宜"平铺直叙，直奔主题"；有时可以"故设悬念，意在言外"；有时只需学生"披文入境"，教师"适时引领"；有时则需"师生多重合奏，擦碰火花"；有时可以"精雕细刻，点、面俱全"；有时需要"大刀阔斧，重、难突出"；有时讲究"抽象思维、逻辑推理"；有时应该"借助形象激发兴趣"。讲授的境界就是对综合效果的整体追求，就是为了达到最优讲授效果而设计的最佳美学结构、逻辑结构、表达结构。当然，讲授的过程也是一个人的知识水平与才华技艺的集中表现。一般来说，激发自主学习兴趣除了知识讲授准确、科学外，还应把握好以下几个方面：

①方案设计。教学是艺术，就是体现在追求"怎样讲更好"。为了激发学生学习兴趣，教师应该对每一个课题多设计几个讲授方案，以适应千变万化的学情及情境。

②导语设计。苏联著名教育家赞科夫曾在《教学与发展》一书中指出："教学法一旦触及学生的精神需要，这种教学法就能发挥高度有效的作用。"[①]导语设计得好，也能激发学生的兴趣，使一堂课有个良好的开端。好的导语像磁石，能把人们分散的注意力一下子聚拢过来。好的导语也是思想的火花，能给学生以启迪，催人奋进。

（3）养成自主学习的习惯

自主学习论，不仅对当今信息时代的社会变化做了分析，还系统地介绍了学习的知识、方法，更主要的是强调了成人学生如何在全新的网络教学环境下，真正理解信息时代学习所发生的深刻变化，更新自己的学习观念，学会运用学科的学习观念指导自身的学习和发展，总结和反思已有的学习经验，了解自己的学习类型、特点和个性，从而发挥自己的优势，克服障碍，激发自己学习的兴趣和动力，学会主动捕捉知识，学会自主学习，学会主动利用现代信息技术高效地学习，提高自己的学习效率。

---

① ［苏］赞科夫编：《教学与发展》，杜殿坤、张世臣、俞翔辉等译，人民教育出版社2008年版。

(四)推进学生体验式学习

当对一个词或一个概念下定义而需对其仔细审视时,很快就会发现,它的含义变得含糊不清,甚至我们越深入研究,就越模糊难辨。"体验"一词也不例外。那么,让我们先来看看词典上对该词的解释。

牛津词典上这样定义"体验":"对某种状况或条件的影响的有意识接受;对某个事件的影响的有意识接受;对某种状况或条件的主观看法;影响某人的某个事件;通过实际观察或亲身经历获得的知识。"

词典的解释提供了一个起始点,但撰写了大量有关体验的文章并建立了图书馆索引系统的约翰·杜威(1925)说道:"体验是一个灵活多变的词。其灵活性反映在很多思想家矛盾的性格中。"[1]

牛津词典对"体验"一词的解释把行动与对行动的感觉和思考联系了起来。更确切的说法如库费罗(1995)强调的:行动和思考不是体验的两个不同方面。我们不能先行,然后在行动结束时再去考虑结果。因此,我们要强调的是这两者不能分开对待,因为它们互为解释,相互联系。

杜威作为最先(尚有争议)指出体验对学习的作用的人,他在自己所著的许多书的书名中使用了"体验"一词,如《体验与自然》(1925)、《体验式艺术》(1934)以及《体验与教育》。库费罗(1995)认为杜威把体验看作一种透镜去分析人与环境之间的互动关系。通过这种方法,杜威将人与自然、主观与客观、知与行、身与心等对立面或二元元素结合在一起。这样,极端之间产生了联系,体验的概念把延续性、过程和环境结合为一个有机的整体。

正如许多学者描述的那样,体验与学习有着紧密的联系。威尔逊(1999)将学习定义为"正式教育或培训或非正式体验所引起的知识、态度或行为的相对永久性改变"。同样,科尔博(1984)解释说:"学习是通过体验转化获得知识的过程。"[2]

---

[1] [英]柯林·比尔德、[英]约翰·威尔逊:《体验式学习的力量》,黄荣华译,译中山大学出版社2003年版,第18页。

[2] [英]柯林·比尔德、[英]约翰·威尔逊译:《体验式学习的力量》,黄荣华,中山大学出版社2003年版。

因此，体验与学习是相互紧密联系且不可分的。从诸多方面来看，体验和学习指的是同一件事情，因此体验式学习是同一思想的同义反复和重复。我们可以将体验式学习定义为："人们在以往的体验和知识的基础上，通过对自己对经历或事物的观察有意识或无意识的内在化中获得的洞察。"

对体验式学习类型的认识，有助于我们在教育实践中根据学习任务要求和受教育者身心发展的规律进行有效的组织，采取不同的方法，做好充分准备，更好地进行体验式学习，也有利于受教育者根据不同的体验内容和类型特点，确定体验的方式和方法。根据不同的角度，体验学习的类型也是不同的，主要有以下几类：

（1）从主体维度：分为主动体验与被动体验

被动体验是指体验对象自发地、直接地提供给人们，不需要人的专门努力，即不是凭借意识和反省的努力。也可以说是因为有了能引发体验的事物或情境，才产生了情感活动，获得了体验。所以，体验者（人）应是哲学上的客体，而被体验的事物与情境相应的是哲学上的主体。例如，当你不经意地听到别人讲起自己不幸的经历时，你会潸然泪下，体验到人间的苦难。主动体验则是指体验主体主动地寻找体验对象，并且体验者在获得关于体验对象的体验时须经过一定的意志努力。例如，当你学习了投资方面的知识，形成了自己的投资思想，你还想进一步把握投资技巧和实践技术，就必须寻找到一种投资途径，验证你的书本知识和投资思想，以便进一步体验投资知识到投资思想，再到投资目标实现的整个活动过程。我们的学习是有目标的学习，学习的活动是有计划的，因此，我们进行体验学习的活动主要是讲主动体验这一维度，即教育者或受教育者要有目标、有计划地对体验学习活动进行组织和充分准备。

（2）从体验的对象：分为各个专项体验

比如，亲情体验、爱心体验、社团体验、跨文化体验、职业体验以及专题体验等体验活动，每一项体验都包含了特定的学习内容，通过对规定的学习内容的体验学习，强调学习中的体验、体验后的感悟，使原来静态的知识经验在个体的心灵中被激活、被催化，产生广泛的联系，获得新的意义，促成积极的、创造性的活动。它是一种主动式的、有目的的体验式学习活动,能有效地使学生经过体验,对某一项内容或活动实践深刻理解和掌握。我们可以根据培养目标和所需掌握的内容,设计不同的体验,达到不同的教学目的。

通过对上述不同体验类型的分析和比较,我们发现,各类体验学习不是单独存在的,而是相互交叉和相互联系的。同一种体验可能包含几种类型的体验,要达到某一种教学目标,可以通过不同的体验类型实现。只要从既定的教学目标出发,设计出一种让学习者能够有身临其境之感的体验氛围,就可以让学习者主动通过体验来实现自主学习,从而实现自我、完善自我。无论是哪一种体验类型,其价值都具有独特性,我们要对这些体验类型有所区分和重视,从不同的创作取向出发,采用不同的类型进行学习。同时,要想使学习效果更佳,还需要考虑体验者的心情。从某种意义上而言,一个人在幸福气氛中体验的时间性要比在不安气氛中体验的时间性更好,因为人的信念往往在人的幸福中树立,也只有在幸福之中,人们才能感受自己的稳定性与完善性,才能进一步肯定生的力量,才能迎接新的课题。因此,在对体验式学习进行设计的时候,一定要考虑学习者的心境。①

1. 体验式学习的模型建构

(1)认知方法/学习方法模型

体验式学习的有效性体现在其与人的认知、人的情感、人的身体有着密切的联系。并且,体验式学习就发生于这三种认识方式的结合之中,如图1-2-1所示。

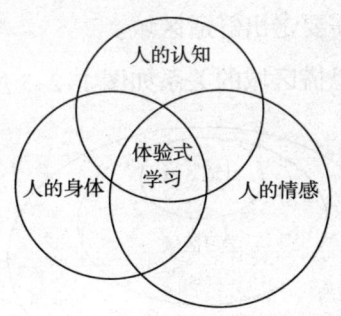

图1-2-1 认知方法/学习方法模型

(资料来源:黄天中,2009)

---

① 刘尔思:《大学生体验式学习》,云南大学出版社2011年版。

（2）赫伦模型

英国心理学家约翰·赫伦（John Heron）强调，体验式学习应该注重情感，并将情感纳入其范畴之中，如图 1-2-2 所示，这一模型是建立在原始经验的基础上，是一个"情感"的步骤。第二步是想象，即将来所发生的情况往往通过想象、直觉等体现出来。第三步是概念，是通过语言或者语言符号对所学的科目进行解释。第四步是行为，是通过具体的行为来进行学习的过程，要做到知识与行动的统一。也就是说，在赫伦看来，只有将情感动起来，体验学习才能够发生。

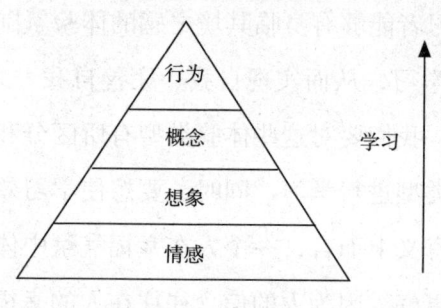

图 1-2-2　赫伦模型

（资料来源：黄天中，2009）

（3）舒适区域模型

很多学者都提到了舒适区的概念，这一概念认为如果学生从舒适区域走出，然后进入学习区域，往往就产生了学习这一过程。学习区域中会涉及一些不熟悉的层面，这时候就会产生兴奋与刺激，从而不断提升学生的深度学习。当学生离开学习区域，进入恐慌区域，这时学习过程往往会被削弱。不过不得不说，学习者要想进行有效学习，必然需要走出舒适区域。

舒适区域、学习区域、恐慌区域的关系如图 1-2-3 所示。

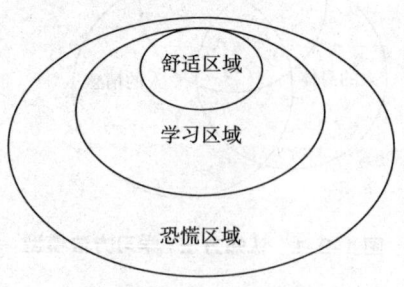

图 1-2-3　舒适区域模型

（资料来源：黄天中，2009）

（4）刺激模型

学者耶基斯与多德森（Yerkes & Dodson）很多年前就对刺激理论进行了研究，这一理论如图 1-2-4 所示，强调行为与刺激之间的关系是二次项的关系，是一种线形的关系，并且构成了一个倒立的 U 形结构。也就是说，如果对学生的刺激增加，那么他们的热情也会随之增加，直到某一最理想值的出现。之后，如果刺激继续增加，他们的学习热情就会逐渐减少。因此，在使用这一模型的时候，很多学者往往将最理想值标记成"学习区域"。

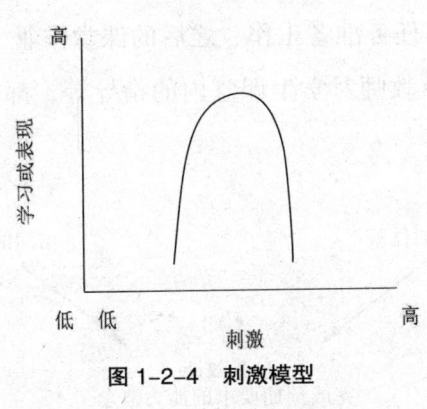

图 1-2-4　刺激模型

（资料来源：黄天中，2009）

（5）灾变理论模型

这一模型是在刺激理论的基础上产生的。灾变模型理论认为，如果学生受到过度的刺激，尤其是出现焦虑之后，他们的学习热情往往会减少，并且出现剧烈的下降，如图 1-2-5 所示。在灾变理论模型中，很多学者将其称为"恐慌区域"，学生们往往在恶劣的环境中感到恐慌，导致他们退缩以至于放弃学习。

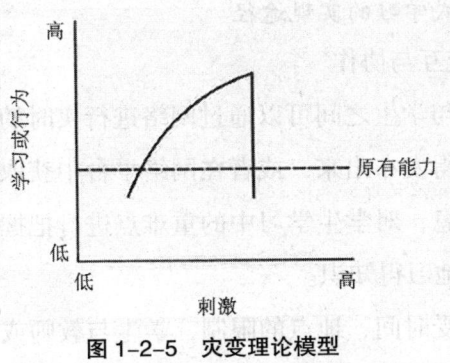

图 1-2-5　灾变理论模型

（资料来源：黄天中，2009）

(6) 自我效能模型

自我效能主要是一个人履行预期要求能力的个体概念，这一概念主要包含四个层面，如图1-2-6所示。按照学者班杜拉（Bandura）的观点，在这四个层面中，先前的经验是最强有力的层面，只有具有有益的先前经验，才能对后期的体验产生有利的影响。如果先前体验是消极的，不是有益的，那么他们后期的体验也是不利的体验。因此，要想确保体验的有益性，往往会通过相同的体验来进行鼓励，给予反馈（即言辞劝说），并为人们提供令人激动的环境（即激励）。一般来说，前期的学习任务准备工作、之后的课堂作业、学生课外的学习经验、学生在课内的活动以及教师对学生课堂内的指导等，都能够在自我效能中发挥作用。

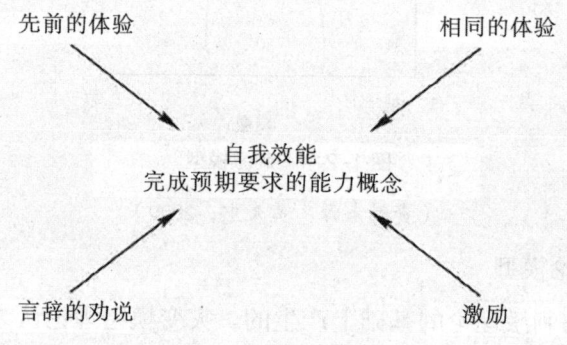

图1-2-6　自我效能模型

（资料来源：黄天中，2009）

2. 大学英语体验式学习的实现途径

（1）实施实时交互与协作

在新时代，教师与学生之间可以通过网络进行实时的交互，学生可以通过网络将自身的感受与心得发布出来，或者在网络平台中获取他人的经验，教师也可以根据学生的反馈信息，对学生学习中的重难点进行把握，从而给予学生一定的指导，帮助学生更好地习得知识。

由于网络平台不受时间、地点的限制，学生与教师或者其他学生甚至专家可以实时进行沟通,学生之间也可以组成学习小组,进行分工合作,从而真正做到不同学生之间的取长补短。

(2)创建个性化的学习环境

体验式学习主张将学生的个性特点发挥出来,让学生在学习中不断成长。新时代网络资源的运用可以为学生的个性化体验学习提供必要的基础和条件。

众所周知,学生个体之间存在差异性,因此他们在学习中所需要的学习资源也是不同的。传统的大学英语课程往往由于各方面的限制,很难与每一位学生的需要相符,导致教学处于一个硬性的统一状态下。在网络环境下,教师可以为学生设计不同的体验性活动,让学生对自己的学习享有自主权,学生也可以从自己的兴趣出发进行学习。这种学习能够不断提升学生的成功体验,增强学生的自豪感与自信心。

(3)开展网络游戏化教学

所谓网络游戏化教学,即借鉴游戏自身的挑战性、自主性等特点,将大学英语教学目标隐藏其中。教师可以从不同学生的学习情况出发,采用相应的游戏化教学策略,让学生在娱乐中掌握知识,让学生在放松的状态下进行学习。

游戏化教学往往是建立在网络环境基础上的,通过网络,教师能够构建更为逼真、有趣的学习空间,让学生在网络中扮演不同的身份和角色,对语言交际中所运用到的规则与知识进行体验等。

三、大学英语教学的基本理论

(一)行为主义理论

行为主义认为人就像一个有机体,能储存各式各样的行为,行为主义认为人的行为和习性(habit)可以由"刺激反应"机制及"增强"塑造。换句话说,行为主义认为学习是由环境塑造而成的,学习是由"精心设计的刺激与增强所造成的"。学习的方式是"制约",制约可以正确指导学习的行为。学习方法包括模仿、重复、加强、矫正错误等。在行为主义的教学方法下,通过复诵、模仿学到正确的内容,纠正错误让学生学习到正确的答案,用奖励的方式增强学生正确的反应,教师是一位权威者，而且是学习的典范，学生则是被动的学习者，复诵教师的话，学生无自由意识可言。从行为主义的学习理论来看，个人是被忽略的，并且没有扮演一个重要的学习角色。

（二）文化模式

舒曼被认为是文化模式的倡导者，他最早提出语言的习得是外在的因素加诸学习者。舒曼的重要理论是探讨社会及心理的距离对第二语言及学习的影响。舒曼（1978）提出的理论指出语言的习得"是由学习者与所学语言的文化之间的社会及心理距离所决定"。[①] 舒曼指出社会距离是指两个社会团体的关系。舒曼研究从哥斯达黎加来美学习英文的学者 Alberto，探讨这位学习者学习速度缓慢的原因，发现他对所学习的语言有社会及心理的距离。他指出8个影响社会距离的因素：社会权力关系、融合的形态、开放程度、聚合力、大小、文化的融合度、态度和打算居留的长短。语言学习的优良条件包含如下几点：

①第二语言学习者与所在国的成员具有平等的地位。

②第二语言学习者与所在国成员均希望学习者同化。

③第二语言学习者与所在国成员能共同享用社会福利设施。

④第二语言学习者的成员既少又统一。

⑤两种语言的使用者对对方的态度均为肯定的态度。

⑥第二语言学习者的母语文化与第二语言的文化相差不大。

⑦第二语言学习者期待在所学语言国逗留相当一段时间。

舒曼也指出心理距离对于认知的影响。心理距离是指个人的特色。心理的因素包括以下两点。[②]

①语言障碍，即学习者在使用第二语言时常常有不理解，或不清楚之处。

②文化障碍，即由于所学语言的文化与本族文化差距较大而引起的恐慌、紧张及不知所措。

---

① 蔡昌卓、刘振聪：《英语教学研究与论文写作》，广西师范大学出版社2002年版。
② 蔡昌卓、刘振聪：《英语教学研究与论文写作》，广西师范大学出版社2002年版。

（三）需求分析理论

需求分析理论对英语学习策略具有重要的指导意义。学习策略的选择只有以需求分析为基础，才能提高其有效性。因此，本节就对需求分析理论进行概述，主要内容涉及需求分析的内涵、对象、内容、启示几个层面。

需求分析有广义与狭义之分。广义的需求分析是指学习者除了自身的学习需求，还需要考虑单位、组织者、社会等其他方面的需求。狭义的需求分析则仅涉及学习者个人自身的学习需求。

威多森（Widdowson,1979）指出，需求是指对学生的课后所设置的学习要求，这是一种以目标为导向的需求。

英国语言学教授贝里克（Berwick,1989）指出，需求是指在学习或工作之外，学生想要获得的个人目标需求。

学者陈冰冰认为，需求分析是通过访谈、内省、观察、问卷等方式对学习者的学习需求进行的调研，这种方法已经广泛应用于教育、经贸、服务、制造等行业中。

在语言教育领域，最早出现的需求分析是针对专门用途英语展开的。在专门用途英语的学习中，学习者的学习需求主要表现在为了达到某些目标所需求的语言知识、语言技能而展开学习。后来，随着大学英语教学的深入发展，"需求"的应用范围越来越广泛，涉及语言、教材、情感等方面的人的需求、愿望、动机等。

1. 需求分析的对象

需求分析的对象包括以下四个方面：

第一，学习者。这主要包括学生以及其他有学习需求的学习者。

第二，观察者。这方面主要包括教师、教学管理人员、助教、语言项目的相关领导等。

第三，需求分析专家。这主要是指专业人员或者具有丰富经验的大纲设计教师等。

第四，资源组。这方面指的是能够提供学习者信息的人，如家长、监护者、经济赞助人等。

2. 需求分析的内容

一直以来，众多学者对需求分析展开了研究，不同学者对这方面的研究存在不同的视角，自然所得出的成果也存在差异。同样，对于需求分析的内容，不同学者也提出了不同的看法。

（1）哈钦森和沃特斯的观点

学者哈钦森和沃特斯（Hutchinson & Waters，1987）认为，需求分析包括目标需求、学习需求两个方面。其中，目标需求指的是学习者在目标情景中所能掌握的可以顺利使用的知识、技能。另外，这两位学者又进一步将目标需求分为必备需求、所缺需求、所想需求。学习需求指的是学生为了掌握所需要掌握的知识内容所进行的一切准备活动。

（2）布朗的观点

学者布朗（Brown，2001）认为，学习需求在内容上可以分为以下三类，他认为这种分类方式可以有效缩小需求分析的调查范围。

其一，形式需求与语言需求。

其二，语言内容的需求和学习过程的需求。

其三，主观需求和客观需求。

（3）伯顿和梅里尔的观点

伯顿（J. K. Burton）和梅里尔（Merrill）认为需求分析涉及如下六个层面：

①预期需求，即将来的需求。

②表达需求，即个体将感到的需求进行表达的需求。一般来说，这可以采用多种形式，可以是座谈，可以是面谈，还可以是观察等，便于对方提取信息，从而对表达需求予以确定。

③标准需求，即学习者个体与群体的现状与既定目标间存在的某些差距。

④感到的需求，即个体感受到的需求。

⑤相比需求，即通过对比找到个体与其他个体的差距，或者同类群体之间的差距。

⑥批判性实践的需求，即一般不会轻易发生，如果发生那么必然会导致某些严重结果的一种需求。

（4）布林德利的观点

布林德利（Brindley，1989）认为需求主要包含如下两个层面：

①主观需求，即学习者学习语言的情感、对语言学习的认知层面的需求，包含对语言学习的态度、对自己是否持有自信心等。

②客观需求，即学习者性别、年龄、背景、婚姻状况、当前的语言水平、当前从事的职业等各方面的信息。

3.需求分析理论对英语教学的启示

需求分析理论对英语教学的启示主要体现在如下几个方面。

（1）突出英语重难点

大学英语教学往往是在教学目标的指导下展开的，所以需要明确教学的重点与难点，才能有针对性地展开教学。可见，教学重难点是为整体教学目标提供服务的。

需求分析有助于确定教学中的重难点问题。通过实践发现，国内大学生对于听力学习、阅读学习以及口语学习都存在困难，因此在对教学目标进行规划时，可以将其视作重难点。而目标的多样性也决定了重难点也是多种多样的。

当我们把英语教学目标从认知向非认知扩展的时候，需要重点和难点的相应扩展，当我们把教学重心从认知向非认知转移的时候，也需要重点和难点的转移。

（2）提升教学设计的效果

通过需求分析，可以对教学设计的必要性与可能性进行充分的论证，使教师与学生集中精力，对教与学中的重难点问题加以解决，从而不断提升教与学的质量和效率。

具体来说，通过需求分析，教师可以对"差距"资料进行准确把握，基于此来设计教学目标，同时需求分析可以作为教学目标、教学策略等设定的依据。

因此，需求分析对于大学英语教学而言是十分重要的，甚至决定着大学英语教学的成败，需要教育者加以关注。

四、大学英语教学的常见方法

（一）翻译法

翻译法又称语法翻译法、传统法、阅读法或古典法。翻译法就是注重语法用翻译的手段来教授外语书面语的一种方法。其目的是培养学生的阅读能力，磨炼学生的智慧。

在外语教学中用翻译的手段进行教学已有很长的历史。1880年以前，欧洲大陆的外语教学就是以教授古典语言（古希腊语和拉丁语）为主，这是文艺复兴时期以来人文主义教育的一个重要内容。由于古典语言是一种"死"的语言，学习古典语言的目的，主要是阅读古典文献，而不是作为交际的工具。适应这种教学的需要，翻译法产生了。在翻译法方面较有影响的理论家是普洛茨（Karl Plotz）。翻译法作为外语教学最根本的方法，强调用本族语来教授外语，教学中说出一个外语单词，马上翻译为本族语言，或说出一个外语句子，也能马上翻译为本族语言。强调语法作为教学的基础，认为学习语法有助于理解和翻译外语，要求学生记忆和背诵语法规则。整个外语教学过程都依靠本族语言，把翻译作为教学手段，也作为教学目的。

作为外语教学里历史最久的方法，翻译法的优点如下：

①充分利用母语，把翻译作为掌握外语的手段。

②重视培养阅读能力，强调学习原文，大量阅读。

③重视学生的理解能力，系统讲授语法知识，强调背诵规则和例句来掌握外语。

④教师使用方便。对教师的水平和教学条件要求较低。翻译法是历史的产物，有它的合理性。

今天看来，翻译法有许多局限性，其缺点如下：

①忽视听说能力的培养，重文轻语。

②过分重视母语翻译的作用，忽视非翻译性训练外语手段的运用。

③过分重视语法知识传授，忽视言语交际能力的培养。

④强调死记硬背，教学方式单一，不易引起学生的兴趣。翻译法自产生之日

起,在不断发展和变化。我国传统外语教学中的翻译法,是经过改良的,已不同于古典翻译法,人们在使用该种方法时注意了语音、语调和听说教学。

(二)自觉对比法

自觉对比法是苏联20世纪30年代到60年代所推行的一种外语教学法。自觉对比指的是学生掌握语法规则时,自觉理解语言材料并对比外语和母语语言知识的异同点,以使他们能更自觉地、更有意识地掌握外语。它是在特定的历史条件下产生的。十月革命后,苏联对文化教育方面的资产阶级学术思想和资产阶级的意识形态进行了猛烈的批判,当时许多人认定外语教学的直接法是资产阶级学术思想的代表,必须彻底批判,以便在批判中创建自己的教学法体系——自觉对比法。

当时苏联的语言学认为,语音、词汇和语法是构成语言的三个要素。外语教学的任务就是掌握语音、词汇和语法三种要素。外语教学界普遍强调,学习和掌握外语是在母语的基础上完成的,学习外语必须依靠母语,排除母语是完全不可能的,不科学的。因此,外语教学应采取依靠母语的原则,将外语和母语进行对比,充分发挥母语的正迁移作用和消除母语的干扰因素,从而加快学生学习外语的进程。自觉对比法强调讲解语法知识,以语法为纲,外语教材的编写也以语法知识为线索。所以,教学中大部分时间用在讲解语法规则、语句的分析、翻译和对比上,认为只有在对外语的充分理解的基础上进行模仿、操练,才能记得牢固,才能培养技能。自觉对比法还强调书面语是学习外语的基础,翻译、分析和背记课文是外语教学的中心。

由此可见,自觉对比法与翻译法十分接近,有许多地方甚至是一脉相承的。我国在20世纪50年代的外语教学中基本上采用的也是自觉对比法。

自觉对比法的优点如下:

①充分重视外语教学的普遍教育、教养意义。
②重视语法在学习外语中的作用,强调自觉性学习的重要性。
③强调两种语言的对比,发展了母语和外语对比的理论。
④注重阅读能力的培养。

但是，自觉对比法也有如下两个缺点：

①过分地强调母语和语言知识对实践的指导作用。把外语教学当作语言知识课，讲得多，练得少，忽视实际言语技能的培养。

②过分地强调书面语的作用，忽视口语能力的培养。

（三）听说法

听说法的理论基础是美国的结构主义语言学（或称为描写语言学）和行为主义心理学。以布龙菲尔德为代表的结构主义语言学家们对外语教学理论做了大量的研究工作，发表了许多重要著作，为听说法的产生铺平了道路。布氏的《语言论》《实际学习外语指导纲要》和弗里斯的《教与学作为外语的英语》被公认为听说法理论的奠基之作。这些结构主义语言学家们的观点概括起来可以列为以下几点：

①语言存在于言语之中，要从言语材料中找出语言的层次结构，通过对这些结构层次的反复大量的排列，就能学会该语言。

②语言系统的各要素是由一定的结构形式组成的，而不是按传统语法规则生成的。因此教学必须建立在对目的语言结构特征的客观分析和对比上。

③"语言就是语言"，也就是该种语言的当地人说的话。文字是第二性的，学习语言应该学习口语。

行为主义心理学家华生（J. B. Watson）和斯金纳（B. F. Skinner）等人通过对人的行为，特别是学习行为的研究，得出了这样的结论：人具有高度的行为条件反射能力，这种能力建立在学习程序的三个要素之上。这三个要素是：刺激—反应—强化。在学习过程中，"强化"起最主要的作用。因此，在外语教学中，应该让学生通过模仿、反复操练、大量实践来养成新的语言习惯，达到外语运用自如的程度。

听说法的特点如下：

①听说法在某些方面与19世纪的直接法一样，主张将口语学习放在教学首位，语法、翻译以及文学语言的学习不能作为外语教学的主要任务。但听说法较直接法更注意对声音符号的研究以及语音、语调、重音等作为言语手段的分析和运用。

②听说法主张学生从学习外语的第一天起，就要准确地模仿每一个句型的层次结构、语音、语调，不放过任何性质的错误，以培养正确的语言习惯。

③听说法主张课堂教学应该将句型操练作为重点，而不是语言理论知识的讲解为重点。布龙菲尔德说："学习语言就是实践、再实践，其他方法是没有用处的。"

④听说法主张用句型这一结构来组织语言材料和训练语言各项技能。句型不仅具有结构意义，还具有语汇意义和社会意义。

⑤教学过程要按照先听说后读写的次序进行。

⑥运用语言对比分析法来制订教学大纲、编写教材、安排教学进度。通过对母语和外语，外语内在结构的分析、对比，找出教学难点，使教学过程具有针对性、科学化、系统化。

⑦听说法不主张用母语解释外语和进行翻译。认为同时用两种语言会减慢学生的外语反应速度，不利于培养口语的流利。

听说法是外语教学界流传最广、影响最深的实证主义教学法。它的产生标志着外语教学法开始建立在语言学理论新成果的科学基础上。在教学实践中，它为社会培养了大批掌握外语口语的人才，功绩显著。它的主要优点如下：

①重视听、说能力的培养。

②强调语言的实践性。

③以句型为教学中心。

④母语与外语客观分析对比运用于教学难点的确立。

⑤建立了一套练习体系用于培养新的语言习惯。

20世纪60年代是听说法发展的鼎盛时期。从60年代后期至今，听说法受到了外语学术界的批评。其具有如下缺点：

①听说法将言语活动与交际情景以及上下文的联系割裂开来，使句型结构失去了活用基础。

②听说法将受意识控制的人的言语行为与动物单纯的刺激—反应过程等同了起来，忽略了人的逻辑思维在外语教学中的促进作用。

③在全日制普通学校里，听说法的效果往往不尽如人意。这主要是由它的局

限性所导致的。一般认为听说法在具备下列条件时才能有较好的效果：良好的外语社会环境；具有相当口语能力的外语教师；短期强化班学制；十人左右的小班编制；每天8小时左右的学习外语时间；学生具有强烈的学习动机。

（四）直接法

19世纪中叶，西欧资本主义进入了蓬勃发展的新时期。国际市场的扩大、交通工具的改进使各国在政治、经济、资本、科技文化、生活等方面来往日益增多，使用外语口语作为主要交流手段的领域和机遇越来越频繁。用传统的语法翻译法培养出来的外语人才尽管对书面语的理解和运用游刃有余，却不能满足新时期社会对外语口语人才的需求。因此，人们迫切需要寻找一种新的外语教学途径，使外语教学更有成效。于是，教学界、心理学界、语言学界的人士共同参与了外语教学的改革。作为外语教学改革的产物，直接法这一以语法翻译法为对立面的外语教学法应运而生了。

根据幼儿学语的情况，直接法教学家们提出了"直接用外语本身来教外语"的主张，在实践中比较一致的做法大致有以下几点：

①采用直观手段来教词汇，尽量不用母语来说明词义。

②从口语入手进行外语教学，而不是从文字符号入手。语音教学是外语教学的重要环节。

③教材必须用当代的日常语言编写，使学生学到能实际运用的语言。

④将语法放在教学次要的位置上，用归纳法教语法规则。

⑤幼儿学语主要是靠模仿多练，学好外语也必须靠大量的模仿练习。但是，这种模仿练习必须是控制的、在精选语言材料的基础上循序渐进的过程，而不是幼儿学语那种无计划、无目的的自发性过程。

⑥教学以句子为单位，不要孤立地学习词汇、语音、语法。以句子为单位学习，有利于实际运用语言能力的培养。

直接法的主要优点如下：

①直接法对语音教学的重视为语音学理论的发展提供了保证。

②直接法创立了一套行之有效的口语练习体系，有利于培养口语人才。

③在教学中运用各种直观手段，使义与形直接联系，有利于记忆和用外语思维习惯的养成。

直接法属于经验主义教学法。它具有如下缺点：

①由于直接法突出了外语口语的教学，书面语方面的培养水平却低于用语法翻译法培养出来的水平。

②直接法只看到母语对外语教学不利的一面，看不到其有利的一面。因此在教学中一味排斥母语，宁可绕弯子让学生去猜测词义也不肯用母语三言两语将它道破。

③直接法不能区分幼儿学语与成年人学外语的不同，因此在教学中对人的智力发展和自觉性的发挥不注意利用。

④该法对教师的外语口语要求较高。

（五）认知法

认知法产生于20世纪60年代，是针对听说法提出来的。由于听说法存在忽视人类大脑的智能作用、反对语法讲授等一系列的不足，以美国心理学家卡罗尔（J. B. Carol）为首的反对听说法的杰出人物受心理学家布鲁纳（J. S. Bruner）和语言学家乔姆斯基（N. Chomsky）的影响，试图用认知符号学习理论（cognition-code approach）来代替刺激—反应学习理论，强调人能够进行感知、记忆分析、综合、判断、推理等一系列智能活动，强调语法理论知识的重要性，主张教学目的应该听说读写齐头并进，教学内容上重视语言知识和语法规则，但反对死记硬背，要在实践中、操练中学习。教学方法首先强调认知、理解，经过操练，达到能用的目的。

归纳认知法理论，我们便可总结出以下几个特点：

①教学要以学生为中心。

②强调有意义的学习、有意义的操练。

③听说读写齐头并进。

④不排斥使用母语。

⑤有错误是可以理解的。

认知法是和直接法、听说法、视听法对立的教学法体系，是语法—翻译法的发展，卡罗尔1964年写的《语法—翻译法的现代形式》即说明了这一点。

认知法的优点如下：

①注意培养学生的自学能力，充分调动学生的学习积极性。

②突出培养语言能力，强调在理解的基础上进行有意义的操练和交际活动。

③适当地利用本族语言克服了翻译法依靠母语的极端性。

④对外语学习中语言错误的看法有了改变，主张对不妨碍交际的错误不必进行过多的消极的指责和纠正。

但认知法也具有如下缺点：

①不分阶段笼统地提倡口语和书面语同等重要。

②认知法作为一个新的独立的外语教学法体系尚处在探索阶段，需要从理论上和实践上不断加以充实。

（六）"默教法"

"默教法"认为，外语或第二语言的学习过程与儿童学习母语的过程极不相同。这是因为成人学习外语时已具备了儿童学母语时所不具备的知识，因此成人无法用习得母语的相同方式来学习外语。儿童通过自然的、直接的途径习得语言，而这对成人来说却不适用。只有通过"人为的"途径和处于严格控制下的教学过程，才能获得良好的学习效果。

"默教法"的核心是教师尽量少说话，学生尽量多活动，从而创造一种"缄默"的课堂气氛。"默教法"认为："缄默"的课堂气氛迫使学生将"自我"投入到学习中去；学生成为学习主体和学习活动中心，只有依靠自己的力量才能学会外语。"缄默"迫使学生积极思维，因而有助于加强记忆。现代心理学研究证明：大脑最积极最活跃的思维活动发生于静默的外界环境之中。例如，人脑对外界信息的记忆整理加工发生在睡眠时刻。精神分析专家常用催眠术和暗示疗法来唤醒病人对某一经历的回忆。积极思维活动所消耗的脑能要多于机械模仿操练所消耗的脑能，因此积极思维的记忆效果优于机械记忆的效果。

"默教法"注重培养学生在学习中的独立性、自治权和责任感。独立性指的是学生在学习过程中的"自我投入",自治权指的是学生自由和自主地选择语言项目和主动进行言语交际,而责任感则指学生在学习过程中自然地建立一种"内心准则",对自己的言语活动进行监测和自我纠正,对语言的使用做出恰当合理的选择。

这一方法的教学特点如下:

①教从属于学。学比教重要,学生应当是学习主体和学习活动的中心,以尽可能缄默的方式引导学生将"自我"投入言语交际活动之中。

②教师少说,学生多动。在整个教学过程中教师很少说话,而主要依靠彩色小棒、颜色音图(Fidel charts)等教具和动作、手势进行教学。教师除了示范需要学习的新的语音、词汇和句子让学生模仿之外,只需要默默监听学生练习。

③教师不纠正学生的错误。"默教法"认为,学生在学习过程中能自动建立一种内心准则,对自己的言语交际进行监测和自我纠正。教师示范发音后,让学生借助彩色小棒和语音图片发音,教师默默监听。如学生的读音有误,教师一般通过让另一学生发出正确读音的做法予以纠正。

④口语领先。"默教法"注重通过直观教学培养学生听说能力,特别是即席说话的能力,随后培养学生的读写能力。

⑤不用母语。"默教法"认为语言是客观事物的符号,外语语言符号既可用母语解码,也可以用实物教具等物品来解码。"默教法"主张在模拟情景中,通过彩棒图片那样的替代物来介绍外语语言知识。

(七)视听法

"视听法",也称"视听整体结构教学法"。该教学法运用环境、语境、画面、声音和语义的整体联系,通过录音、幻灯、电视、电影和录像等电教设备,将学习信息同时作用于人的视觉和听觉,从而产生眼、耳和脑整体感知作用,故称为"视听整体结构教学法"。

视听法首先由南斯拉夫萨格勒大学语音研究所主任古布里纳(P. Guberina)于1954年提出。由于具体研究工作是在法国教育部领导下,由法国圣克卢高等师院的"全世界普及法语研究所"负责进行,所以视听法也称圣克卢法。由于该教学法利用电教设备进行情景教学,所以又称情景法。

视听法源于直接法和听说法。它主要吸收和继承了直接法的三个基本要素。

①通过情景和画面等直观手段,培养直接运用外语的能力。

②口语领先,听、说、读、写能力培养的顺序是听—说—读—写。

③句本位原则,学习外语首先是通过完整的句子学习。同时,视听法还吸收、继承了听说法的用口语训练句型的基本原则。

视听法具有如下优点:

①视听法运用声光电的电教设备,把语言和形象相结合的方法用于外语教学,从而调动学生的逻辑思维和形象思维,使大脑左右半球同时发挥作用。这有利于培养学生对外语的直接感觉和直接转换能力并有利于排除母语干扰。

②视听法音像教材声形并茂,同时作用于学生的视觉和听觉等感官,因而加深了对所学内容的印象。

③视听说教学有利于激发学生的学习兴趣和集中学生的注意力。

但视听法还具有如下缺点:

①读写能力有所忽视。视听说课时间大多用于听说训练上,而读写训练没有及时跟上,其结果是,如果外语教学主要用视听法来进行的话,学生的听、说、读、写能力就得不到全面发展。

②过分强调视觉直观作用。尽管视觉形象有助于释义和运用外语,但视觉不是经常能保证语言的正确性。对于一些抽象的词汇和语法结构,不通过语言讲解难以表达清楚。

③有些电教设备如幻灯机操作不便,解说和画面难以配合恰当,缺乏一种真实的实际现场感。

第二章　信息技术下大学英语教学的变革

信息技术的进步重塑了人类生活的各大层面，其必然会对教育领域产生影响。信息技术的进步与发展对于大学英语教学有着重要的意义。信息技术的一个重要手段就是网络技术，具有明显的快速性与公开性。当前，大学英语教学与信息技术紧密结合，不仅仅是为了顺应潮流，更主要的是为了促进大学英语教学的快速发展。本章就来分析信息技术是如何推进大学英语教学变革的。

第一节　信息技术对大学英语教学的深刻影响

信息技术在大学英语教学中有着非常显著的影响，并且在大学英语教学中得到了广泛的应用。在大学英语教学中，有三个基本的要素，即教师、学生、教学设施。随着信息技术的融入，这三个要素都会相应地发生改变，不仅改变了教师的教学作用，也改变了学生的学习能力，同时还影响着教育设施的工作性能。

信息技术对大学英语教学的改变主要有如下几点。

一、革新教育思想和教育观念

传统的大学英语教学主要是强调知识的讲授，无论在课程设置，还是在教学内容组织、教学方法运用等层面，都是为传授知识服务的。在信息技术的背景下，要求大学生不仅掌握基本的知识，还需要掌握获取知识的能力，因此需要对教育思想与观念加以变革。这样才能将大学英语教学从知识的传授层面转向对能力的培养层面。

二、革新教育目的

随着社会不断发展,时代不断进步,大学英语教学也必然发生改变。在信息技术背景下,大学英语教学不再处于封闭状态,而是逐渐开放,面向大众,并且出现了网络大学、远程教育等新的教学模式,教学内容上也趋于多媒体化。这使得大学英语教学的教学对象不断扩大,也使终身教育、大众教育逐渐变成可能。

三、革新教育模式

信息技术的进步使得大学英语教学逐渐走向社会,并且趋向平等,使其各个层面与人们的生活相融合。人们可以对学校、教师、课程等进行自由选择,将办学的开放性充分展现出来。随着信息技术的运用,大学英语教学的组织形式变得更为方便、灵活,教学计划也更具有针对性。在当今信息社会背景下,知识更新速度加快,人与人之间的竞争更为明显,这就使得人们更加重视学习,愿意接受高等教育,甚至终身教育,因此导致英语学习更接近终身化。

四、革新教学内容与方式

在教学内容层面,教师运用信息技术的网络搜索功能,对英语这门学科的前沿知识、最新成果进行查询,从而将这些内容运用到大学英语教学中。在大学英语教学方法上,通过信息技术,对传统的大学英语教学方式加以改变,创设良好的教学情境,从而将教学内容更便捷地表达出来,凸显了互动性,也便于对学生综合能力的培养。

五、革新传统的师生关系

传统的大学英语教学模式是以教授为主,是一种单向的模式。信息技术使大学英语教师的作用发生改变,从知识的传递者转向学生学习的引导者、协调者,学生可以运用信息技术,对英语这门学科的前沿知识进行学习与接收,使自己从被动的学习者转向主动的学习者,即学习的主人。显然,师生的角色在信息技术背景下都发生了改变。

六、革新教育评价制度

信息技术使得学校的办学行为更为开放、透明,社会机构也对学校更加关注。更为突出的是,教育评价的主体从政府逐渐转向社会,这都有助于教育的进步与发展。教育评价的内容也会发生改变,其中对于学生的评价从以往对知识的过分重视转向对能力的要求,从过去的单纯考试转向考试与实践相结合的方式。这些变化都是因为信息技术的影响。

第二节 信息技术环境下大学英语教学的优势与挑战

一、信息技术环境下大学英语教学的优势

(一)促进了学生英语综合素质的提升

计算机网络体现出交互性的特点,这一特点有助于将学生学习的积极性调动起来,让学生有学习的欲望,愿意去学习,形成学习动机。在信息技术环境下,交互性就是学生在学习中,不仅仅是被动地学习,而是参与到具体的学习过程。传统的教学过程往往是教师占据主导地位,学生被动地学习,但是信息技术环境下的交互性学习改变了这一局面。

在信息技术环境下,计算机对学生提出的问题做出处理,对学生给出的答案可以进行逻辑分析,并能够将结果向学生反馈,这对于学生而言有助于锻炼他们的英语运用能力。在这一环境下,学生可以从自己的兴趣出发,对学习的内容进行选择。可见,这种模式为学生提供了理想的环境,从而使学生从自己的知识基础与认知出发,展开学习,提升自身的知识水平和能力。

(二)使得大学英语课堂知识更为丰富

课堂知识的容量大,延展性强,有利于丰富课堂和提高教学的效率和质量。在信息技术环境下的大学英语教学课堂上,教师可以利用现代信息技术把大量的教学内容融入课堂中,知识的展现已不再是单纯的文字和图片,而是集文字、图

片、声音、视频等多种媒体于一体的综合体,在课堂上学生通过不同媒体展示知识的途径获取新知识,而且在视觉和感官上都有新的认识,从而在有限的时间内,进行知识的有效学习。例如,在进行 Unit 2 Puzzles in Geography 这一教学中,可以融入许多知识内容,设计形式多样的教学活动并顺利开展。这是传统教学所不能及的。

(三)便于充分发挥教师的主导与学生的主体作用

信息技术环境下的大学英语教学中,学生占据主体地位,教师发挥主导作用,这就营造了一个轻松、和谐、融洽的师生交互的环境。通过借助信息技术的优势,设计活动,组织教学,充分发挥教师的主导性,让学生在不同的活动中参与、体验、感悟、交流和成长。所设计的活动既有自主学习,又有合作探究学习等,以培养学生的自主、自觉、合作学习能力,充分发挥学生在学习中的主体性。而信息技术又为师生互动营造了一个宽松、和谐、融洽的环境,使得学生乐于参与、敢于谈论、积极思考,形成自己的新知识,提高自我思考和处理问题的能力。

二、信息技术环境下大学英语教学的挑战

(一)对教学方法与手段的挑战

传统的大学英语教学是从教材出发来一步步地传授知识的,教学主要是以教师为中心,采用"填鸭式"的教学模式。随着信息技术的引入,以及慕课教学、微课教学、翻转课堂教学等模式的实施,教学内容不断深化与多样,学生可以运用信息技术在任何地方获取教学内容。

在传统的大学英语教学中,教师是教学的主导,学生被动接受知识,但是随着信息技术的引入,这种角色发生了改变,教师展开探究教学、项目教学等,实现教与学方式的改变,教师主要负责引导,学生主动进行学习。显然,传统的教学模式与当前的大学英语教学改革已不相符。当前的大学英语教学需要运用新的教学手段,提升教学水平和质量。

（二）对教师角色与技能的挑战

"教师教、学生学"这一模式就意味着教师是知识的传输者，学生只是知识的接受者。但是，随着信息技术的融入，一些新的教学模式兴起，教师的责任发生了转变，从灌输者转为引导者，学生从接受者转为主动学习者。虽然教师的主体地位被颠覆了，但教师仍然是推动学生展开学习的动力，他们需要不断指导学生的学习，是学生学习的必要支持者。显然，教师成了学生获取资源的一种途径，当然教师在教学中不仅需要为学生答疑解惑，还需要不断提升自身的技术水平。

在传统的大学英语教学中，教师只需要具备专业素养就可以了，会用电脑执行一些基本的任务，就能够完成教学。但是，在当前新时代背景下，教师需要提升自身的技术能力，多样化地组织课堂教学。

信息技术为教师和学生提供了海量的资源，学生面对如此多的资源是很难做出选择的，这就需要教师的帮助，教师帮助学生对资源进行甄别，在课前将这些资源提供给学生，如微课视频、微课课件等。在课堂上，教师努力激发学生学习的兴趣和积极性，熟练把握课堂活动，如进行合作学习。同时，教师还需要掌握信息技术，能够运用该技术制作视频，对学习进行检测，实现与学生的互动。当然，教师还需要处理好传统手段与现代手段的关系，发挥好自身的情感与人格作用。

（三）对学习观念与方式的挑战

在信息技术环境下，自主学习、合作学习、体验式学习等是最为常见的学习方式。随着信息技术的不断引入，知识变得更为开放，学生要想获取知识，除了从课堂和教师那里，还可以通过网络获取。当然，传授知识也不仅限于课堂之上，教师还可以让学生把握基本的学习策略，帮助学生解决学习中遇到的问题。显然，信息技术融入大学英语教学使学生的学习路径更为宽阔，学生也获得了丰富的学习资源，学习变得更为主动。

在资源选择上，学生的自主性更为明显，他们可以选择本校教师的微课讲解，也可以选择其他学校教师的讲解。同时，学习的时间、地点也非常灵活，只要具备无线网络，学生就可以在任何时间、地点展开学习，这将传统课堂只能讲授一两遍的弊端予以消除。

信息技术融入大学英语教学，使得学习更加具有互动性，学生可以和教师交互，学生可以和计算机交互。学习平台也可以监控学生的学习情况，教师也可以实时查看学生的学习情况，为学生提出一些意见和建议。师生之间、学生之间可以随时展开交流与合作，将英语学习的困难放在明面上解决。泛在性、自主性、随时性是互联网时代大学英语学习方式的主要特征，颠覆了传统的"机械"和"被动"的学习方式。

第三节 信息技术环境下大学英语教学的意义与目标

一、信息技术环境下大学英语教学的意义

（一）信息技术对英语教师的意义

应用信息技术进行大学英语教学与研究对于大学英语教师有着"近水楼台"的优势，因为教师完全没有语言障碍，随时可以掌握网上最新的动态与消息。我国著名应用语言学家桂诗春（1997）曾把信息技术对英语教师的好处归纳为以下五点：

①可以为自己建立一个最完善的图书馆，解决教学中的各种疑难问题。

②网上语言主要是英语，上网为教师提供了广泛接触英语的机会，对迅速更新知识、提高英语水平很有好处。

③英语教学中最缺乏的是教学资料，互联网可以随时为我们提供大量的教学资料。

④可以参加与英语教学有关的新闻组和电子论坛的讨论组，交流信息和经验，开阔视野，提高科研水平。

⑤可以上网参加一些适合自身水平和兴趣的在线课程，不断充实提高自己。

在这个迅速发展的信息社会，许多教师还存有疑问和恐惧，即"计算机与

网络的发展会不会取代教师的地位和职业?"这一点其实大可不必担心。正如Claire Bradin(克莱尔·布莱丁)所说,"计算机不会取代老师的职业,但是会利用计算机的老师却必然会取代不会利用计算机的老师"。计算机不能也不会取代教师的地位,这是因为机器不能代替人做许多有意义的工作。比如,备课和选取学习资料。但随着技术的不断更新和发展,教师只有不断迎接它,不断利用它,更新自己的知识结构,才能做一个受学生欢迎的教师。同时,在人机交互的学习环境下,传统的"学生在教师控制下被动接受知识"的局面将会改变。教师应放弃一些原有的课堂权威,把角色转换为"启发学生如何运用计算机学会学习"。学生在教师的引导下将会更加独立、自主、积极地学习。

(二)信息技术对英语学习环境的意义

对正在进行英语学习的学生而言,信息技术具有巨大的开放性,它为学生提供了更加广阔的学习和思维空间,激发了他们的兴趣和自主学习的能力。同时,信息技术的介入还更加优化了英语学习的环境。

Egbert(埃格伯特)和Jessup(杰瑟普)于1996年曾提出理想的语言学习环境的四个条件:

①学习者要有与真实语言交际对象进行交流和讨论的机会。

②学习者要参与有利于接触和产生各种创造性语言的真实训练活动。

③学习者有组织思想和有意识认知的机会。

④学习者在课堂里要有理想的压力和焦虑环境,这种焦虑是一种积极的焦虑,而不是退缩性的焦虑。

显然,信息技术的介入优化了这种学习环境,并赋予了它全新的面貌。主要包括以下几个方面:

1. 能够帮助教师实现个体化教学

英语教师在备课时常常因为学生对英语兴趣各异、水平不齐而感到苦恼。然而,通过网络自主学习,学生能够建立自己的学习目标,并独立自主地掌握学习进度。互联网上有大量的语言学习信息,难度与种类也各不相同,学生在老师的统一指导下可以选择自己感兴趣的和适合自己水平的内容学习;由于电子邮件实现了快速传递，使学生在几分钟内就可以与世界各地的人们交换信息，促使他们在短时间内进行网上写作，大大激发了他们运用语言的兴趣和创造性的潜能。1966年，日本著名的计算机辅助语言教学（CALL）研究专家Kitao（壮岛）曾说过："网络鼓舞了学生积极向上的学习，使他们及时运用已有的知识，鼓励了理解性的学习，而且能够让学生们发现自己在进步。"

2. 使学生学习到并运用上真实的语言

外语学界普遍认为，学习真实的语言，即现实中的人在真实的场景下有明确交流目的的语言，能够达到最佳的学习效果。在互联网上不仅能够实现人机交流，而且能够实现即时的人与人之间的交流。无论学生是在电子公告栏发布消息和观点、参加讨论组、加入英语聊天室，还是在互联网上检索和阅读信息，他们都会发现自己置身于真实的英语环境，学习任务本身也不再是枯燥无味的了。

3. 促进协作式学习

协作式学习意味着一组学生互相协作，为完成一项学习任务共同努力。这种协作式学习可以是本校学生之间的，也可以以国际交流的方式进行。教师联系教学任务，规定一个小项目，学生以小组的形式在规定时间内完成任务，最后进行评比。

二、信息技术环境下大学英语教学的目标

（一）改变传统观念

在信息技术环境下，大学英语教学应该改变传统的教学观念。我国传统的教学往往以教师作为中心。在教学中，学生往往是被动地学习，教师对整个课堂教学进行控制。这种教学形式不能被完全否定，也是存在可取之处的，如对知识系统的传授是较为完整的，但也不可否认其存在弊端，即忽视了学生的主体地位，忽视了学生内心的变化。因此，在培养学生独立性与创新性层面存在着明显的不足。

信息技术环境下的大学英语教学就是要将学生的主体性充分发挥出来，让他们敢于创造，让学生真正成为知识的主体与建构者，而不是被动的接受者。教师

应该逐渐成为课堂的指导者与组织者,引导学生对意义加以建构,而不仅仅是主宰与灌输。因此,无论对于教师、学生还是管理人员而言,都应该改变传统的教与学观念,从以教师为中心转向以学生为中心,从完全的课堂教学转向计算机自主学习。传统的计算机辅助教学仅仅改变了教学手段,因此在这里的计算机仅仅是一种辅助工具,对教学内容、教学结构等未做改变。信息技术环境下的大学英语教学是运用互联网创造理想化的学习方法与环境。同时,教师也应该改变传统观念,不能仅仅将信息技术视作辅助的工具,而应该强调将信息技术视作学生自主学习与情感激发的工具,将其看成课程的一部分。

(二)改进教与学的方法

在信息技术环境下,大学英语教学应该逐渐改变教与学的方法。也就是说,大学英语教师并不是知识传授的唯一渠道,教师应该引导学生突破课本的限制,运用信息技术,进行自主探索、自主学习,实现资源的有效共享。教师应该将学生带入计算机构建的探索空间,使他们的知识获取渠道更为广阔。

这就要求教师做出如下改变:

第一,在课堂教学层面,从原本以课本为主导的教学转变成帮助学生探寻、收集学习资源的教学。

第二,在教学组织层面,从原本的以教师作为中心转变成教师帮助学生展开深层次的思考,引导学生设计符合自己学习的任务。

第三,在教学设计上,从原本对教学内容的注重转变成对教学过程、教学模式的注重,并深层次开发与利用教学资源。

第四,在教学模式上,从原本以教师为中心的教授、模拟等步骤转向学生注重探索,或与教师或与其他学生进行合作学习。

第五,在教学评价上,从原本强调对学生学习结果的终结性评价转向对学习过程的形成性评价。

可见,在信息技术环境下,学生的学习并不能完全对教师与课本产生依赖,而是应该学会运用信息技术平台,教师与学生之间进行互助式的学习,并运用信息技术对信息加以收集与探究。因此,在信息技术环境下,学生需要掌握如下几点:

第一，学会运用信息技术资源展开自主学习。

第二，学会运用信息技术进行交流与协作。

第三，学会在数字化情境中展开自主学习。

第四，学会运用信息加工工具展开创新学习。

（三）提高教与学的效率

信息技术融入大学英语教学之后，教学效果会发生如下两点改变：

第一，通过信息技术资源的共享，可以提高教学效率。我们都知道，信息技术的内容非常广泛，信息更新也非常及时，运用信息技术展开教学，很多教学资源也都经过优化，能够让大家共享，这就使得原有的课程内容被无限放大，便于提升教与学的效率。另外，外语教学的很多场景都可以通过互联网进行设计，这可以为学生提供语言学习的环境。显然，这些在传统的教学中是不存在的，传统的教学无法设计语言操练的场景，但是互联网就可以做到，学生可以随时运用丰富的教学资源来展开自主学习，这必然会提升教与学的效率。

第二，计算机超级强大的功能有助于提升教与学的效率。在信息技术环境下，计算机成为大学英语教学常规的手段与工具，并在每一位教师、每一堂课中渗透，逐渐成为一种常态化的手段。因此，计算机不再是一种辅助教学的工具，而逐渐成为大学英语课堂教学的一部分。也就是说，计算机除了演示功能外，还可以发挥其他功能，如激励学生学习、促进师生之间交流、运用个别辅导软件进行辅导、运用数字测试系统进行测试等。这些都是计算机超级强大的功能，在这些功能下，学生学习的积极性也会提升，当然也可以改善之前"费时低效"的学习状态，促进教与学效率的提升。

（四）整合教学资源

在信息技术环境下，各种相关的资源被引入其中。对于大学英语教学而言，教学资源是什么呢？美国教育技术与传播协会（AECT）指出，教学资源即帮助人们展开操作、实现有效教学的所有东西。但是对于大学英语教学而言，教学资源涉及与教学相关的人力、物力等。一般指出，学习资源涉及如下几类。

第一，根据学习资源的来源，可以划分为设计资源与可利用资源。前者指的是从教学目的出发而准备的资源,如教材、教室等;后者指的是用于教学服务的资源,如教学软件、百科全书、网络信息资源等。

第二,根据教学资源的表现形态,可以划分为硬件资源与软件资源。前者指的是在教学过程中需要的场所、设施等设备;后者指的是媒体化的学习资料等软件。

第三,根据教学资源所涉及的人与物,可以将其划分为人力资源与非人力资源。前者指的是同学、教师、学习小组等,甚至一些可以通过网络展开交流的人员。后者指的是教学信息、学习媒体等。

从目前我国的大学英语教学情况来看,各方面资源都较为短缺,这就需要改变传统的教学方法,利用现代信息技术整合现有的教学资源,满足英语教学的要求。

第三章 大学英语教学中的模式创新

当今世界,信息技术不断发展,社会各个领域都在与信息技术接轨。其中教育领域的改革也需要信息技术的参与,与信息技术相融合,不仅可以让大学英语教师采用多样的教学方法,还为学生提供了多样的学习体验。同样,信息技术与大学英语教学的交叉,可以为大学英语教学改革提供新的模式,本章就对这些模式展开分析和探讨。

第一节 多模态互动教学模式

一、多模态互动教学的界定

所谓模态,即交流的渠道与媒介,是一种囊括语言、图像、技术、音乐等符号的系统。多模态教学模式建立在多模态话语分析理论的基础上。20世纪90年代,西方学者提出了多模态话语理论。这一理论指出,语言属于一种社会符号,音乐、绘画等非语言符号对语言意义的生成有着重要的影响。各种语言符号与非语言符号模态之间是相互独立也是相互影响的关系,共同生成语言意义。

在多模态话语分析理论的基础上,New London Group(新伦敦集团)提出了多模态教学方法。作为一种教学理论,它涵盖了多种符号资源,如声音、视觉、图像等。根据多模态语言理论,语言的输入、输出会受到多种符号模态的影响,因此在大学英语教学中,可以将多种符号模态融合,结合音乐、图像、网络等形式,让英语课堂变得丰富多彩,调动学生学习的积极性与主动性,从而交互式地学习英语语言，达到对英语语言的充分记忆以及恰当应用的目的。

在信息技术背景下，教师采用多模态互动教学，可以充分运用网络多媒体等手段，创设各种语言学习情境，让学生真正体会到语言学习的乐趣，可以从多渠道激发学生的听觉、视觉等感官，为学生提供全方位浸染式的环境，促进学生不断提升自身的语言技能。

二、多模态互动教学的基本原则

（一）学生中心

在大学英语多模态互动教学中，"学生中心"是最为核心的原则。所谓"学生中心"，即做到以学生为中心，发挥学生的主体性与能动性。在大学英语多模态互动教学中，学生是学习的主体。要想实现"教学相长"，就必须将学生作为中心来促进教师的教学，让教师对学生的学习进行指导。在教学内容上，教师需要将学生的积极性与主动性调动起来，学生可以根据自身能力、自身认知等层面的具体情况，结合教师的指导，对自己的学习策略进行调控，从而与教师的教授形成良性的互动。

（二）对话为主

教师与学生之间的对话是基于网络时代建构起来的，大学英语多模态互动教学模式要建立在以对话为主的格局之下，这是其内核。具体来说，教师教学的效率、学生学习的能力、学生国际素养的培养，都与教师之间的良性对话有着密切的联系。其中，通过网络资源的优势，为学生设计与他们相符合的互动活动，引导学生展开多元层次的互动，构建传统教学与网络教学相结合的新型模式，是教师值得关注的方面。当前，最关键的在于不断更新与变革教师的教学理念，如果不重视，那么无疑就是"穿新鞋，走老路"。

（三）多元创新

在网络时代背景下，大学英语多模态互动教学要从跨学科的角度出发，采用多元的教学手段与模式，将学生的学习潜能充分地调动起来，积累学生的知识储备，便于他们形成良好的语言能力与国际文化素养。多元化与单一化是相对的概念，多元化主要是基于不同学生的个性特点、学习特点提出的，在这一过程中，人的大脑会受到各种刺激，逐渐构筑自己的知识结构。由于这些认识并不是来自某一个事物，而是来自不同的事物，导致人与人的知识结构也出现了差异性。因此，在了解学生具备多元智能维度的基础上，从新的技术手段出发，通过多元教学方式，提供给学生多元化的刺激，从而让学生对大学英语学习有新的认知。

三、开展大学英语多模态互动教学的意义

（一）改善学生学习模式

首先，大学英语多模态互动教学将多种符号模态引入大学英语教学之中，对学生的多种感官进行刺激，让学生将多种感官应用到大学英语学习之中，对自己的信息输入加以丰富，进而直观地接收、记忆学习内容。与单一的语言讲解相比，多模态互动教学能够提升学生的记忆力。

其次，从多模态表现形式的需求出发，大学英语多模态互动教学往往采用的是不同的教学手段，对教学形式加以丰富，避免大学英语教学过于单调。这样的方式可以将学生的学习积极性调动起来，通过参与各项活动，学生的英语学习也变得更为主动，便于学生形成自主学习意识。同时，学生的参与也能够不断训练他们的综合能力。

最后，大学英语多模态互动教学能够对传统单一的模态教学进行补充，从教学目标、教学内容出发，采用不同的教学方法，用直观的方式，让学生主动、积极地参与其中，提升他们对语言使用的效率，进而提升学生的综合运用能力。

（二）提升教学质量

大学英语多模态教学是将多种模态结合起来展开教学，将学生的各个感官调动起来，让学生对学习内容有清楚的理解，在同样的时间内，运用多感官要远远比单一的感官更容易理解与记忆。这从一定程度上大大提升了教学的效率和质量。

（三）助力跨文化交际能力的培养

大学英语多模态互动教学要求运用多种模态的教学手段，并要求拥有多种模态的互动环节。多种模态教学手段的运用可以大大提升学生的思维能力与感官能力；互动环节是学生展开实践的舞台，可以不断提升学生的交际能力与实际运用能力。大学英语多模态互动教学对于提升学生的跨文化交际能力有着明显的作用。文化是跨文化交际能力的核心，文化能够将地理、历史、风土、思维方式、生活方式等传承下来，可见文化能够在物质中得以体现，但并不只是物质的形式存在。正是因为文化的特殊性，如果仅仅依靠文字，教师很难让学生深刻体会某一种文化，学生也无法在特定的文化下展开交际，因此教师需要借鉴多种模态、多种手段，通过一些影像资料传递给学生，这样更能让学生逐渐形成对文化的认知。

四、大学英语多模态互动教学的策略

大学英语多模态互动教学作为一种新型模式，充满着活力，在大数据背景下必将日趋完善。那么下面就来具体分析大学英语多模态互动教学的构建策略。

（一）充分利用多媒体资源

在大学英语教学中引入多媒体技术，是大学英语教学的一种变革手段。多模态教学强调调动学生的多项感官，从而满足大学英语教学的要求。多媒体课件正是这样的一种实现手段，它将文字、音频、视频等集合起来，调动学生的多种感官。当然，教师在制作多媒体课件的时候，需要进行多种准备，需要考虑不同的教学任务，对各种资料进行搜集与设计。

（二）建设多模态化英语网络空间

随着网络技术不断进步，大数据技术也不断革新，我们的校园网、校园论坛更加丰富，也被人们逐渐应用到教学中。所谓网络空间教学，即教师通过网络平台与学生展开交流与互动。他们可以在网络上进行实名认证，从而展开交流。

2015年河南牧业经济学院创建了网络教学平台系统，这一系统是在Sakai教学平台的基础上研发的远程教学系统，该系统采用"引领式再现学习"的理念，通过论坛、课程空间等形式，在教师、学生、学习资源之间构建了一个交互渠道，调动了学生的多种感官，激发了学生学习的积极性，从而实现了多模态互动教学。

当进行英语网络空间教学之时，教师与学生之间可以突破时间、地点的障碍，他们可以在线进行问答，展开互动，这样不仅便于教师了解学生的学习情况，也能拉近彼此之间的关系。

通过网络空间，教师也可以对学生的作业进行批改。学生按照固定的时间提交作业，然后教师进行批改与反馈，这不仅可以节约用纸，还可以让师生进行互动。

需要指明的是，网络空间要想发挥出应有的作用，首先必须让学生积极参与其中，学生需要登录上去完成学习和作业，然后教师要实时进行分析和阅读，从而评估学生的学习情况。

第二节 微课教学模式

一、微课教学的界定

微课又被称为"微课程"，其实就是运用视频教学的手段，依托PPT形式来展开教学的一种新型技术手段。既然是微课程，那么必然要求简短，因此在教学内容的设计上要求简洁，并且能够涵盖完整的教学工作。也就是说，在整个教学中，主要对一些专门的知识点进行讲解，通过短小的视频来将内容向学生传达。当然，除了要讲授基本的知识点，必然也需要增加一些练习甚至是专家点评等。可以看出，微课并不是对传统教学模式的延伸，而是一种新型的、开放性质的教学手段。

随着微课教学的不断发展，很多学者对其展开了研究，并形成了一些著名的视频，深刻影响着全球的基础教育。目前，我国在极力推进微课教学，但是由于我国的研究仍旧处于初级阶段，因此研究主要限于宏观领域，在微观层面还有所欠缺。

二、微课教学的分类

当前，在微课教学中，有几种非常常见的模式。下面这几种模式的构成要素有着较大的差异，但是各自有各自的特点与语用范围，下面就对这几种模式展开详细的论述。

（一）非常 4＋1 微课资源结构模式

非常 4+1 模式主要由五个要素构成（图 3-2-1）。其中"1"代表微视频，而"4"代表围绕它的四个层面，便于构建微视频。这"4"个层面都是围绕"1"建构起来的，并且是与"1"相匹配的资源。

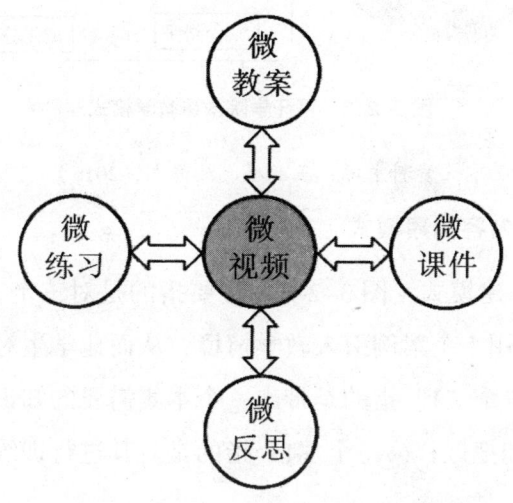

图 3-2-1　非常 4+1 微课资源结构模式

（资料来源：王亚盛、丛迎九，2015）

（二）可汗学院微课教学模式

可汗学院微课教学模式（图 3-2-2）就比较复杂了，并且具有较高的建构成本，但是适用范围还是相对广泛的。在这一模式中，教学设计者、教师、学生彼此之间是相互促进的关系，当然彼此之间也是独立的。这一模式主要是为了完成教学设计。

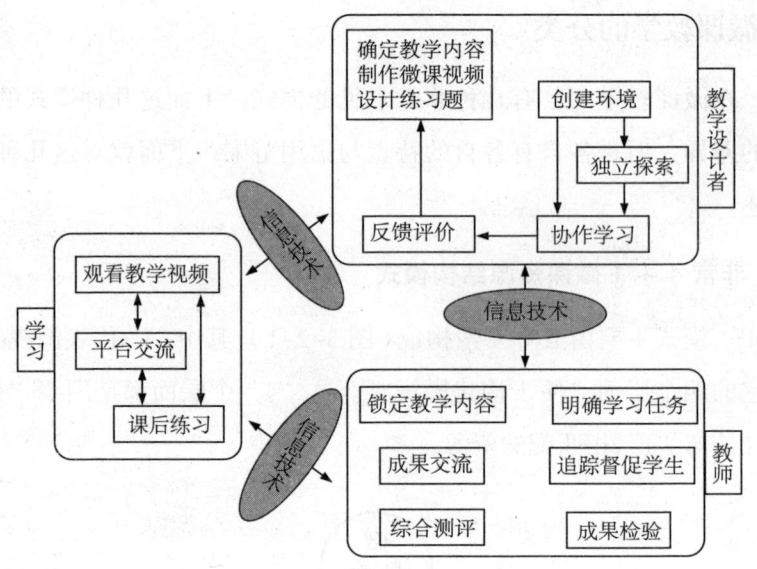

图 3-2-2　可汗学院微课教学模式

（资料来源：王亚盛、丛迎九，2015）

（三）111 微课内容构建模式

111 微课内容构建模式（图 3-2-3）主要指的是对三个"1"的把握。其中第一个"1"指的是用 1 个案例引入教学情境，从而让学生对学习的价值与意义有清楚的了解；第二个"1"指的是带出一个本集需要的知识点或者概念，从而强化对知识的理解和把握；第三个"1"指的是对其进行训练，从而实现知识的内化。

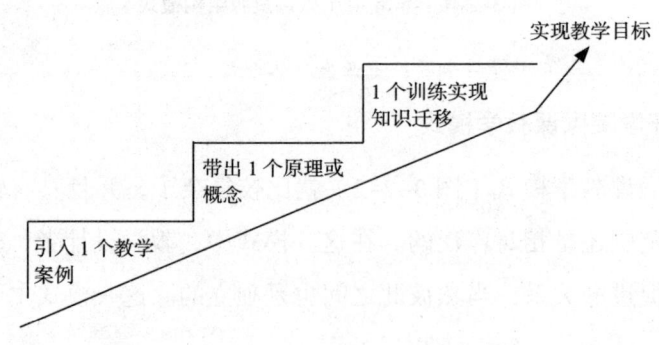

图 3-2-3　111 微课内容构建模式

（资料来源：王亚盛、丛迎九，2015）

（四）123微课程教学运作模式

123微课教学模式（图3-2-4）是基于国内外中小学学习情况建构起来的。其中的"1"指的是教学活动应该将微课程视作中心，并且强调短小；"2"指的是教师要设置教案，组织教学活动，一般要设置两套教案；"3"指的是根据资料展开自主学习，这里的资料主要有三组。

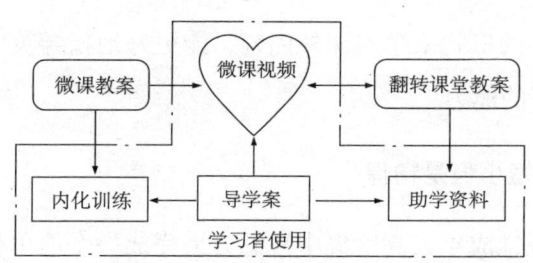

图3-2-4　123微课程教学运作模式

（资料来源：王亚盛、丛迎九，2015）

三、开展大学英语微课教学的意义

（一）教学主题鲜明并且比较突出

在做大学英语微课的选题时，首先要保证其主题鲜明、突出。在此基础上，再将课程主题确定下来，通常为大学英语教学中的特定知识点。大学英语微课教学采用的教学方式为视频，而视频的时间是有限的，视频结束后，学生也无法向老师提问。因此，这就要求微课的教学内容必须是焦点、重点、难点、易错点，这些都是处于核心地位的，具体来说，是没有内容限制的，某一个学习环节、学习主题、学习任务等都可以，具体要以学生的实际需要为标准，让学生对自己所要学习的微课程加以选择。这样，不仅能有效节省学生的学习时间，还能使学生学习的针对性更强。相对于传统的课堂教学，微课教学所产生的效果会更好，这与其筛选的精练的教学内容以及较高的教学效率和教学质量不无关系。

在大学英语教学过程中运用微课这一教学形式，能够将其特殊作用充分发挥出来。

第一，借助微课的形式来进行课前预习，在随后的课堂练习中，能够获取的理论指导会更多。

第二，借助微课的形式引入正式的课堂学习，观看制作好的微课教学视频，能够将学生对微课程的浓厚兴趣激发出来，有利于良好教学效果的取得。

第三，借助微课的形式来进行课堂总结，能让学生对自我认知的准确性更强。

第四，借助微课的形式来学习课外内容，能更好地指导英语技能的运用，大大增强学生自主学习的能力。

（二）教学时间短小但是精悍

心理学研究发现，成年人高度集中注意力去完成一个简单枯燥的任务，其注意力仅仅能高度集中 20 分钟左右，也就是说，学生在大学英语教学过程中，也只有前面的 20 分钟是能够做到高度集中注意力的，后面的 25 分钟的课堂教学效果并不理想。因此，传统的大学英语课堂要完成的复杂的教学内容就需要进行相应的调整和改变，微课内容在设计上要保证科学性和合理性，要展现出鲜明的特色，表现出活泼的形式，教师的讲解应该清晰，能够调动学生的学习兴趣，这样学生在课堂上才能获得更多的知识，掌握更多的内容。为了让学生集中注意力展开学习，从认知心理上分析，进行微课教学非常有效。

（三）教学资源丰富且方便使用

尽管大学英语微课的时间相较于传统的课堂教学要短一些，但其中所包含的教育资源的丰富程度并不低，采用的教学形式也不乏显著的多样性特点。微课课程将要教学的内容都制作成精彩的教学视频，由此能够对其中包含的核心内容有准确且正确的掌握，学生对这种新型的教学形式也会产生好奇心，对于吸引他们更好地参与到教学中并取得理想的教学效果都是有很大帮助的。另外，大学英语微课资源所占据的流量是比较少的，便于通过网络传输和发布，也能使学生个性化学习的需求得到较好的满足。可以说，其将精练性特点体现得淋漓尽致。大学英语微课支持的播放形式并不是单一的，不仅可以支持多种移动设备上的在线播放,还可以下载储存至移动设备再进行移动学习,并且这种形式不受时间和地点的制约,自由程度较高。如此一来,可见其作用的显著性与广泛性,补充大学英语教师在课堂教学中的讲解只是其中之一,另外还能作为学生课前预习的材料,使学生因此而获取一定的便利,从而保证了教师课堂教学的高效率。另外,学生在自主学习行进过程中得到的便利,学生的学习兴趣不断被强化,以及学生所建立的创新理念,都从不同程度上得益于微课资源。

(四)教学内容形象化且具有实用性

不管大学英语微课的形式是什么样的,其本质上仍然是大学英语课,这一点是不变的。微课中教学内容的设计都是通过教师展示出来的,比如,多媒体课件中的展示或示范、讲解或配音、引导或说明、解释或纠错等,大都是教师亲自制作成的,如果在微课教学过程中用到相关的教学器械,那也是真实的,与教学相适应的,采用的教学方式和练习方法、测试等都是课堂内容的真实体现。由此可以看出,微课能够将一个实用性、直观性、可操作性非常强的课堂形式展现给学生,这就为学生更好地理解和消化知识点提供了一定的便利。

四、大学英语微课教学的策略

在大学英语教学中应用微课,首先要将其与学校制定的教学培养目标相适应,并且将二者有机结合起来,从而保证所制定的微课的可行性与科学性。在设计微课时,要求必须遵守学校大学英语的教学特征及实际教学情况,合理规划大学英语课程不同类型的微课程,从而使不同类型的大学英语教学需要都能够得到有效满足。具体来说,在大学英语教学中应用微课这一教学技术,可以采用以下策略。

(一)与网络教学信息平台相结合

一般来说,微课对于不同年级学生,所具体制定的教学方式是不同的。比如,对于高年级的学生来说,他们很多都已经掌握了基础的网络知识和技能,通过学校网络平台,能够进一步提升他们获取知识的网络技能,知识结构与能力也会进一步充实。而对于低年级的学生来说，通常是需要在家长的陪同下参加课程学习的，因为低年级学生在处理和操作技能方面往往不能自主完成。另外，不管是对于低年级的学生还是对于高年级的学生，要想改变当前大学英语教学中内容单一的情况，进一步拓展和扩充大学英语教学内容的广泛性，都需要教师首先认真研读大学英语教学大纲，从中选取有效信息，并且考虑相应的要求，要与教学目标紧密关联的网络教学资源联系起来，将这些资源运用到微课课程中，让所有的学生都能够通过微课学习对这些信息进行共享。通过网络平台，可以保证整体的教学过程，同时微课资源也可以得到整合，从而让学生展开系统的学习。微课的优势是非常显著的，而要将其显著优势最大程度发挥出来，必须做好微课平台的选择与确定工作。将微课资源上传到网络之上，学生可以从自身的教学目标出发，对教学内容、教学活动等展开系统的学习，从而实现网络的服务功能。

（二）设计主题恰当的微课

微课的最终教学效果如何，在很大程度上受到微课设计情况的影响，因此，教师一定要重视微课主题的选择。对于大学英语教学来说，要想选择合适的微课主题，首先要确定教学目标，即通过微课教学，学生获得哪些知识点，要掌握哪些技术技能，再以此为依据，来选择相应的大学英语理论或实践课中学生经常遇到的问题，有针对性地解决学生可能会遇到的问题和重要知识点。同时，教师设计时要尽量全面考虑，难度适当，切合要求。通过微课中体现的主题，大学英语教学实践中具体问题的确定就不是难题了。

（三）全面深入理解微课

微课的教学实施在时间上是有所限制的，在教学内容方面，要做好针对性的选择，深度与广度都要恰到好处，不能太难也不能太容易。另外，微课学习的时间控制也要合适，从而满足大部分学生利用课余的碎片时间学习的实际情况，因此这就要求课程的知识应该具有完整性，并且也应该保证连贯性，当然这都源自教师对教学内容与学习者个体的分析。教师在微课前需要明确分析大学英语微课的学习者及其基础、教学目标、课程的内容与特点等方面，以此来对学生的认知基础、学习能力、技术程度、需求状态等内容，以及价值观与目标、知识与技能、过程与方法等进行深入分析。通过对上述内容的分析和总结，以得出的结果为依据，通常就能使教师合理地组织和设计出质量较高的微课，从而满足学生的学习需求。

在选择微课教学形式之前，要做好充分的准备工作，比如，要首先了解微课的特点、教学目标，还要准确分析学习内容、学习者的具体情况，在此基础上选择微课教学形式，才有可能保证选择的正确性与准确性，才能恰当地采用一些方法展开教学。微课可以被认为是一种自主学习模式，其前提就是需要保证优质的教学资源。同时，教师还要重视微课"小而精"的特点，并以此为依据，结合学生的学习需求，来选择相应的课程内容，在有效整合优质学习资源之后，再将其应用于微课教学中，传授给学生。大学英语微课侧重于把握英语技能的内在规律，形成大学英语经验积累。需要强调的是，微课程的目标能否达成，与很多因素都有着密切的联系，比如，教师的教学理念、具体的教学措施和实践等。大学英语教师的职责之一，就是设计出科学性和可行性较强的教学实施计划，其中应该包含合适的教学形式。而要使选用的教师形式与教学发展相适应，就要求教师对多方面的因素加以考量，比如，目标预期、课程类型、教学内容、学习者的特点等。大学英语微课主要的教学形式有许多种，常见的有情景式、探究式、讲解示范式、演示式等。最后，在微课程发布的环节中，发布平台的选择也是至关重要的，受众群体选择最多的、主流的、快捷的网络平台是较为理想的，因为其对于学生用户来说，在运用上是较为便利的。

（四）制作完整的微课

将各种学习资源整合起来，微课的制作就算完成了。一节完整的微课，是通过以视频为核心的形式将各种学习资源展示出来的，其制作流程大致为：拍摄视频源文件→课程讲解录音→剪辑视频→合成讲解录音→输出视频文件→压缩与格式转换。开展大学英语课的目的在于让学生掌握大学英语的相关技能。微课的教学内容所体现出的特性主要有直观性、活动性、户外性和操作性等。大学英语微课的制作模式主要采用实景拍摄和PPT混合模式进行制作，因为这样能够有效促进大学英语教学实践课取得理想的教学效果。在实景现场拍摄制作微课时，为了保证课程的质量，有几个问题需要加以注意：第一，教师在示范动作时，为了保证示范的效果，一定要重视示范动作的规范性和准确性，同时，仪态、技术动作标准等都要严格要求，动作上也要尽可能保持连贯；第二，在进行视频的拍摄时，一定要保证画面的稳定性和拍摄的画质清晰度，否则，视频的质量会受到影响，最终取得的教学效果也会不甚理想；第三，教师现场讲解时，要做到声音洪亮，节奏感强，尽量采用通俗易懂的口语进行讲解，书面语句尽量不用或者少用。在制作大学英语微课的过程中，为了保证整体的制作水平和质量，必须对下面几个方面加以注意。

其一，微课制作人员的利用上要做好明确分工，通力合作来保证微课的整体质量，尤其要注意课程中动作的连贯性。

其二，教师在处理微课的视频时，一定要具备较强的能力，使微视频达到令人身临其境的效果。首先要重视微课的开篇，要做到吸引人；在后期的剪辑中适当加上慢动作回放，让学生在反复观看的同时，可以仔细研究与探讨，从而为能够清晰地看到肢体动作的展示提供一定的便利。

其三，教师在微课中的讲解与表达要清晰，从而能达到动静融合、远近融合的立体表达效果，这对于教学目的的顺利达成也是有所帮助的。

其四，微课传播所选择的传播平台也是非常重要的。微视频制作完成后，就要考虑选择适合的传播平台，这一点也是至关重要的，关系到播放的流畅性和整体效果。

除此之外，引进新资源，更新和完善课程的相关内容，弥补漏洞也是教师需要引起重视的方面，促使学生不断地自主学习，使微课程的最佳效果得以保证。

（五）要及时做好微课效果的评价与反思

微课的质量体现了其在教学形式、教学内容等方面的选择和运用是否科学合理，也决定了其能否取得理想的教学效果，因此，保证高质量的微课水平是非常重要且必要的。而要做到这一点，是需要在微课结束之后，通过学生的评价与反馈来实现的。教师要时刻保持与学生之间的联系，做好相互之间的沟通和交流，为教学活动提供必要的依据，这就需要借助于新媒体平台，同时，还要以积极、客观的态度来检验微课是否实现了预期的结果。在学习过程中，学生通过不断的交流与反思，能够让微课内容更加完善与有效。微课制作是好还是坏，应该考虑学生的学习情况。通过对微课进行反思与评价，能够让教师更好地了解微课的制作情况，便于他们对自己的微课加以改善。但是，不管运用什么手段，都应该不断提升微课的质量，哪怕是重新建构微课也好，只要能顺利实现教学目标，避免出现问题，就能算作好的微课，也就说明这一操作是科学且有效的。

受新型科学技术的不断发展与更新的影响，学校的教学模式也发生了一定的改变。微课教学形式的出现对于大学英语教学来说，能够起到丰富和发展大学英语教育资源，创新教师的教学理念和教学方法的显著作用。因此，这就要求教师必须精通网络，熟悉并理解大学英语教学理念，精心准备、制作微课。在制作过程中一定要对其中的各个方面都进行准确把握，从而保证微课的整体质量，才能把最好的授课内容展示在学生面前，让学生对课堂的教学内容更快地领悟。同时，学生在大学英语微课的学习过程中，不仅使课标的要求得以完成，身体和心理素质得以提高，同时也了解了网络的运用技能，这就进一步加强了学生对于社会发展的适应能力。

总的来说，通过微课，不仅能使教师顺利达成既定的教学目标，同时也能让学生成功达到提高综合素质的目的。

第三节 翻转课堂教学模式

一、翻转课堂教学的界定

当前看到的出现最早的翻转课堂模型就是罗伯特·塔尔伯特（Robert Talbert）教授的模型（图3-3-1）。他在"线性代数"课程中应用了这一模式，并且效果显著。

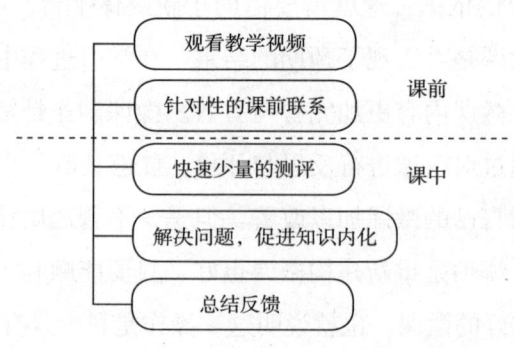

图 3-3-1　罗伯特·塔尔伯特的翻转课堂教学结构图

（资料来源：孙慧敏、李晓文，2018）

这一模型为后续学者、专家进行教学模式探索提供了基本思路。

那么，到底什么是翻转课堂教学模式呢？有人将其定义为一种再现课程，也有人将其定义为传统课堂顺序的颠倒，并未进行实质变动。但是，这两种观点都不准确。实际上，虽然翻转课堂的核心在于教学视频，但是教师在其中仍旧发挥重要的作用，因此不能将翻转课堂定义为一种再现课程。在传统的课堂中，教师充当知识的灌输者，但是翻转课堂是将知识传授予以提前，而将课后需要练习的内容转移到课堂之中，学生与教师或者其他学生在课堂上可以进行探讨。这种颠倒实际上是为了让学生对知识进行内化，这才是翻转课堂的内涵所在。

二、翻转课堂教学的理论依据

（一）掌握学习理论

所谓掌握学习，是指学生在自身掌握足够的时间与最佳的学习条件的前提下，掌握学习材料的一种手段。这一理论是由卡罗尔提出的，他认为，学生的学习有的比较快，有的却很慢，但是只要为他们准备充足的时间，那么他们都能学会。

之后，布鲁姆（B.S.Bloom）在卡罗尔理论的基础上，提出了"掌握学习"教学法[①]，这一理论对后期的教学模式改革提供了帮助。在布鲁姆看来，掌握学习的核心在于时间，学生之所以未取得好成绩，并不是他们的智力不够，而是因为

---

① S.Bloom, "B.S.Learning for mastery", *Evaluation Comment*, 1968, p.1.

他们的时间不足。因此,只要给予他们充足的时间,那么他们的智力就会被激发出来,就会完成学业。①

(二)"学习金字塔"理论

美国学者埃德加·戴尔(Edgar Dale,1946)率先提出"学习金字塔(Cone of Learning)"理论,它用数字形式形象地显示了学生采用不同的学习方式在两周以后还能记住的内容有多少(平均学习保持率),如图3-3-2所示。②

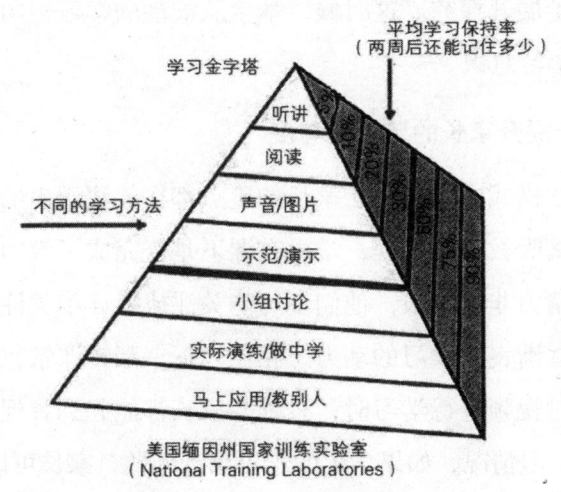

图 3-3-2 "学习金字塔"理论

(资料来源:孙慧敏、李晓文,2018)

由图3-3-2可以看出,学习方法不同,其学习效果也必然不同。并且通过分析可知,该理论能够揭示出传统灌输学习向体验式学习转变是如何影响学生学习的,也能够为学生提供提升学习效率的路径。

三、开展大学英语翻转课堂教学的意义

(一)以学生为中心

翻转课堂教学模式是对传统教学场所、教学时间等的改变。通过这一教学模式,教师将讲授的媒介转向视频,学生通过自学来获取知识。教师可以通过网络

---

① [美]布鲁姆等:《教育评价》,邱渊等译,华东师范大学出版社1987年版。
② Dale Edgar, *Audio-Visual Methods in Teaching*, New York:The Dryden Press,1954.

平台等为学生提供资料，学生可以在网上对这些资料进行获取，从而主动进行学习。但是课堂成为学生与教师、其他学生之间交流的场所，从而激发学生探究学习、协作学习的兴趣。

（二）增强了学生学习的自主性

在翻转课堂教学的课前学习部分以及课堂的任务活动部分，都需要学生参与其中，这不仅仅是让学生对学习负责，还让学生认识到只有通过学习，才能够与教师或者其他学生展开探究。这时候，学生从被动的学习转向主动的学习，从而培养他们的自主学习意识。

（三）有利于提升家长的监督参与度

在传统的教学模式中，教师、家长的重点都在关注学生的课堂表现，如学生在课堂上是否认真听教师的课程，学生在课下是否完成了教师布置的作业等。但是，由于教师的精力非常有限，他们不可能关注或者详细关注到每一位学生，这就导致一些学生逐渐丧失学习的动力。相比之下，翻转课堂教学模式扭转了这一局面，当学生通过视频进行学习时，教师与家长都能起到督促作用，并且能够真实地看到学生的学习情况，如果学生的学习出现问题，家长可以和教师进行商量，进而采取一定的干预措施。这是学生—家长—教师三者间的互动，从而促进学生的主动学习。

四、大学英语翻转课堂教学的策略

（一）设计英语教学过程

美国创新学习研究所（Innovative Learning Institute，ILI）提出了翻转课堂设计流程。ILI 认为，翻转课堂的设计过程主要包括如下几个层面。

第一，对课外学习目标进行确定。

第二，选择翻转课堂的具体内容。

第三，选择翻转课堂传递的手段。

第四，准备翻转课堂教学的资源。

第五，对课内学习目标加以确立。

第六，选择翻转课堂评价的手段。

第七，设计具体的翻转课堂教学活动。

第八，辅导学生展开学习。

（二）开发英语教学资源

从广义层面来说，教学资源指的是用于教学的材料以及相关的人力、物力、设施等，能够帮助个体展开学习的任何东西。随着科技的进步，信息化教学资源呈现出来，教学资源指的是在信息技术环境下，为了实现教学的目的而出现的各种教学资源，如人力资源、信息资源等。

随着信息化资源的不断丰富和在教学中的不断应用，人们逐渐提出了翻转课堂的教学理念。从上述翻转课堂的过程可知，要想实现翻转课堂，需要具备一些基本的教学资源，如教学视频、阶段训练、学习任务单等。

当然，要想实现翻转课堂，除了需要具备上述一些资源外，还需要考虑借助一些软件工具，这类资源贯穿翻转课堂教学的全过程。这些软件的作用在于帮助教师设计教学视频，帮助师生展开协作交流，展示学生的学习成果等。

第四节 混合式教学模式

一、混合式教学的界定

混合式教学是教学信息化发展的新阶段，它体现出信息技术从教学辅助向与教学深度融合的发展轨迹。信息技术应用于教育教学最早始于计算机辅助教学（Computer Assisted Instruction，CAI），并且衍生出了计算机辅助学习（Computer Assisted Learning，CAL）、计算机辅助训练（Computer Assisted Training，CAT）等概念，直到之后互联网时代的网络教学平台（E-Learning）等，这些教学应用的特点都是从属已有的教学流程，在教学过程中所起的更多是辅助、补充和支持作用。

当前从教学角度而言的混合教学，使互联网技术在教学中发挥的作用不再仅仅是工具或支撑平台，而是对教学思维、教学元素以及完整教学流程的重构。因此，混合教学对于教学系统设计中的信息技术环境和条件、教学参与者的信息技术素养、教学管理的信息化水平都提出了更高的要求。

具体而言，在网络教学环境中，需要有稳定的有线网络和无线网络接入，而云计算服务器需要安装在专业的数据中心机房内，教师和学生应该普及智能手机和笔记本电脑等终端，并能够随时随地稳定快速地接入平台；教师和学生对"互联网+"教育教学以及信息化时代教学和学习的新理念、新思维有一定程度的认识和理解，能够适应教学流程重构和翻转对教师和学习者提出的新要求，能够主动调整自己在传统教学和学习模式中的习惯思维和行为，积极融入混合教学的新模式之中；教务管理部门在混合教学的教务管理过程中，必须继续提高管理的信息化水平，努力消灭数据孤岛，跨越数字鸿沟，重构教务管理规则和流程，避免传统教务管理中的一些规定和流程原样照搬到混合教学的管理之中，以免造成生搬硬套影响混合教学开展的不良后果。

另外，混合教学中的教学绩效考核制度和教学质量评价体系也与传统教学评估的指标和模式存在较大的差异，需要教务管理部门与时俱进，研究制定混合教学的考核和激励机制，从制度上推动基于慕课的混合教学在学校教学中的应用普及与深入发展。

由于混合教学是对传统教学模式的流程重构，不仅仅是简单的互联网应用，因此触动教师的传统教学观念和工作模式，甚至是触动教师的个人利益，这些问题与技术问题交织在一起，使混合教学模式的施行势必会遇到一系列问题和阻力，因此学校教务管理部门和教学单位的首要工作目标应该是区别并梳理各种矛盾和问题，对症下药，多管齐下地予以逐步解决，切忌以点带面，放大次要矛盾而忽视或回避主要矛盾，从而使问题复杂化，导致关键问题更加难以处理。

二、开展大学英语混合式教学的意义

（一）有利于发挥集合优势

开展混合式教学有助于将新旧教学模式结合起来，彼此之间相互学习，系统地展开思考，对各种教与学方法进行整合和分析。这样不仅能够将教师的教学技能挖掘出来，发挥教师在教学中的主导地位，还能够以学生为中心，发挥学生的主体性。同时，教师集中先进的教学技术、教学设施等，为学生创设必备的学习环境，从某种程度上说，这种混合式教学对教师的要求更高。

（二）有利于及时反馈

在传统的教学中，教师很难进行准确、全面的反馈，但是在混合式教学模式下，教师可以运用一些网络平台，结合线上线下教学环境，让教师全面准确地了解学生，帮助学生解决学习中遇到的问题，从而不断提升教师的教学效果。

（三）有利于高效互动课堂的建立

传统的教学模式主要侧重于教学活动，教学内容主要是教师灌输给学生，是一种单向的转移。在学习中，学生不能有效地参与到课堂中，学生与课堂很难实现互动。教师的教学模式也比较单一，缺乏灵活性。

在混合式教学模式下，教师选择先进的教学手段，目的是实现师生之间的互动，从而便于师生解决教与学的问题。

（四）有利于个性化学习

在混合式教学模式下，学生可以根据需要选择适合自己的学习方式，激发他们主动参与课堂，开展与教师、与其他学生之间协作的兴趣。同时，学生也有充足的时间进行课外实践。显然，这与当前的大学英语教学改革潮流相符。同样，学生能够自主选择也属于一种深度学习，是一种创新手段，便于学生获取好的成绩。

三、大学英语混合式教学的流程

（一）课前阶段

在混合式英语教学中，教师在展开授课之前，要从教学内容、学生实际学习情况出发，对课程资源进行整合，并考虑实际情况，设计具体的教学任务，从而培养学生的自主学习能力。例如，通过"朗文交互学习平台""新理念外语网络教学平台"等，教师可以将与教材相关的学习目标、学习计划、学习主题等预习任务发送给学生，学生从自身的能力出发，通过各种形式完成预习任务，从而不断提升自身的自主学习能力。同时，在混合式教学中，学生与教师或者其他同学之间还可以进行互动，如果遇到问题，学生也可以向教师或者其他学生寻求帮助。

（二）课堂阶段

混合式教学实际上是线上线下混合式教学，其中的线下即课堂讲授，这一阶段主要通过课堂与自主学习平台的融合，展开多媒体辅助教学。首先，教师要对学生的预习情况进行检查，并指出学生在预习过程中存在的问题。其次，教师运用多媒体对教学内容进行丰富，提出一些具体的问题，让学生进行思考。再次，教师从实际情况出发，设计相应的学习任务，让学生之间进行探讨，或者通过一些角色扮演的形式，调动学生参与的积极性。最后，教师让学生进行反思，或者进行自评、互评，对学习内容加以总结，激发他们的探究精神。

（三）课后阶段

在课后，教师通过混合式教学对学习资料进行补充，扩大学生的视野，加深学生对知识的掌握。当然，学生也可以在网上寻找一些复习材料，从而使自己的学习效果更佳。

第五节 慕课教学模式

一、慕课教学的界定

所谓慕课，英文是 MOOC，是"大规模在线开放课程"的简称。一般而言，慕课指的是由参与者进行发布的课程，并且材料也可以在网络上查询到。也就是说，慕课是开放的课程，当然慕课的课程非常宏大。简单来说，慕课的课程具有分享性，无论你处于世界哪一个角落，都可以进行学习与下载。与传统课程相比，慕课课程有图 3-5-1 所示的优势。

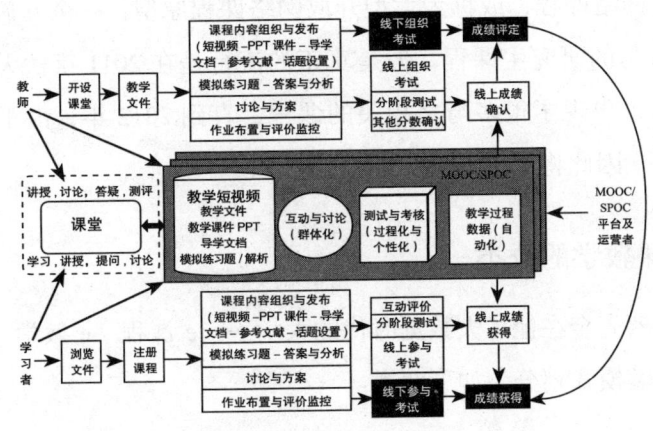

图 3-5-1 慕课教学与传统课堂的比较

（资料来源：战德臣等，2018）

慕课既然用 MOOC 表示，就可以由此将其理解为如下四个层面。

M 是 Massive 的简称，指的是规模比较大。这个规模比较大具体指的是两种：一是人数比较多，二是资源规模比较宏大。当然，"大规模"也是相对来说的。

O 是 Open 的简称，即慕课课程的开放性，学生可以根据自己的兴趣选择学习课程，如果他们想学习，他们就可以注册、下载并学习。即便一些课程是由某些营利公司建设的，学生也可以进行下载。

O 是 Online 的简称，即教与学的过程是通过网络实现的，如教师的线上教授、学生的线上学习、师生之间的讨论、学生作业的完成与提交、学生作业的批改等。

C 是 Courses 的简称，即课程包含主题提纲的讲授、内容的讲解、各种学习资料的上传、作业的布置、注意事项的提醒等。

慕课与传统的互联网远程课程、函授课程、辅导专线课程不同，也与网络视频公开课不同。从目前的慕课教学来说，所有的课程、教与学进程、师生之间的互动等都可以在网络上实现，具有完整性与系统性。

慕课这一教学模式最早是 2007 年 8 月大卫·怀利在犹他州立大学教授早期

的大型开放式网络课程,或称为大型开放网络课程原型,一个开放给全球有兴趣学习的人来参与的研究生课程。但是真正的流行是在2011年秋天,是教育的一大革新。之后,出现了很多与之相关的课程,直到2012年,由于各个大学不断推进慕课教学,因此将2012年称为"慕课元年"。

二、慕课教学的分类

著名学者蔡先金在他《大数据时代的大学——e课程 e教学 e管理》一书中,将慕课教学模式划分为如下两类。

(一)基于任务的慕课教学模式

这一模式具体如图3-5-2所示,其主要研究的是学生在任务完成之后对知识、能力的获取情况。学生可以从自身的学习方式出发,按照一些具体的步骤开展教学,可见学生的学习是具有灵活性的。学生可以对一些录像、文本等进行观看,也可以共享其他学生的成果,从而完成自身的任务。

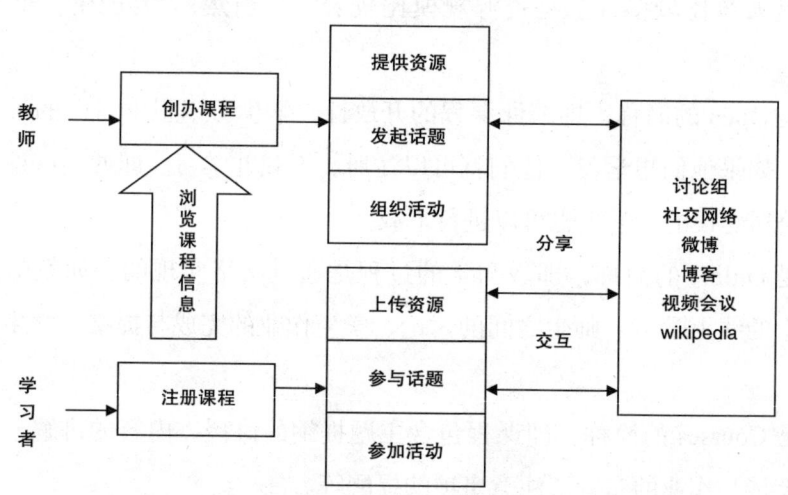

图3-5-2 基于任务的慕课课程设计开发模式

(资料来源:蔡先金等,2015)

(二)基于内容的慕课教学模式

这一模式如图3-5-3所示,主要侧重于学生对内容是否可以掌握清楚,一般会通过总结性评价、形成性评价等手段，来评估学生的学习成果，非常注重研究学习社区的相关内容。在这一模式中，很多名校视频也包含在内，并设置了专业用于测试的平台，学生在这一平台可以进行免费学习，并且可以取得相应的证书。

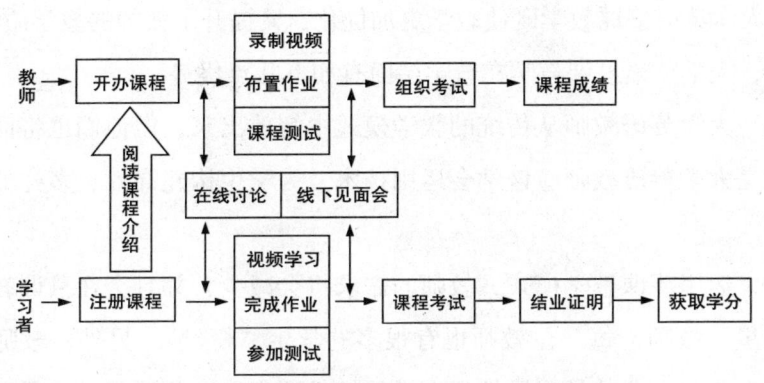

图 3-5-3 基于内容的慕课课程设计开发模式

（资料来源：蔡先金等，2015）

综合而言，上述两大模式的特征可以总结如下：

第一，慕课课程设计以及活动组织都是建立在网络这一平台基础上的。

第二，慕课课程设计不仅包含了课程资源、课程视频等内容，而且还容纳了学习社区等内容。

第三，慕课课程的时间一般不会太长，控制在 8~15 分钟之内最佳。

第四，慕课课程设计主要是考虑大众因素的，因此在目标设置的时候也需要从多方面考虑。

第五，慕课课程设计应保证创新性和开放性。

三、开展大学英语慕课教学的意义

（一）教学方面的优势

慕课教学突破了传统的大学限制，让学生在接受高等教育的时候，不受时间、地点等的限制，这对于传统的高等教育来说，也面临着巨大的挑战。

慕课教学模式对大学课程的设计与开发、师资发展等影响巨大，尤其更明显的影响主要体现在教学方法与策略层面。因此，当前的高等教育除了要适应社会发展的趋势，还需要考虑慕课教学在我国本土化的问题。一些专家学者通过研究国外的慕课教学，建立了很多国内本土化的英语在线开放课程群，这样学习者不仅可以自己选择合适的课程，还能学到英语知识，从而提升自身的英语水平。也就是说，大学英语慕课教学既使教学更加优化，又提升了教师的教学质量与效果。具体来说，大学英语慕课教学在教学层面有如下几点优势：

第一，大学英语教师从传统的教学模式中解放出来，但他们也将面临巨大的挑战，就是大学英语教师应该学会运用技术，为学生构建高效、多样的英语慕课课程。

第二，运用慕课教学模式，教师的需求将会减少，并且会在慕课教学中出现一些"明星"教师，每一位教师也有很多的学生"粉丝"。另外，教师的授课重点也会发生改变，尤其是明星教师提供的精品课程，这些课程必然需要有好的教材、声源等，为了给学生创造优质的视觉感受，因此还需要添加一些肢体表达。

（二）学习方面的优势

在慕课教学模式下，人们更多关注的是慕课是否激发了学生的学习兴趣，是否发挥了学生的主观能动性。因此，通过慕课平台，学生的学习能从繁重的课堂中解放出来，而且在这种轻松的模式下，他们获取知识的欲望将会逐渐增加，从而变成主动获取知识。学生可以在自己设定的时间内，对知识的来源与结构进行充分的了解，将关键性知识与内容把握好，学生的学习过程也限于如何提出问题、寻找答案、解决问题等。

另外，慕课学习环境让学生的学习自由，以便于学生培养自身的自主学习能力。他们通过自主学习，有了大量的课外学习实践，从而不断拓宽学习视野，提升自己的兴趣点。

四、大学英语慕课教学的策略

（一）构建多层次设置课程

如前所述，慕课教学模式冲击着传统的大学英语教学，尤其是传统的大学英语教学模式单一的情况。从师资力量上说，传统的师资力量比较薄弱，教师资源非常有限，导致很多课程的讲授并没有针对性。相比之下，大学英语慕课教学基于学生的兴趣和积极性来设置课程，这使得学生学习英语的动力明显提升，从而不断提升他们学习的效率与质量。

（二）采用多种教学方式

虽然很多学校都要求不断地进行大学英语教学改革，在上课方式上也不再是单一的手段，但是在教授方式上还是倾向于知识点的讲述，即便是将多媒体手段融入其中，也多是课堂讲授的辅助手段，只是将传统的板书形式替换成了现在的多媒体形式。相比之下，大学英语慕课教学模式更为多样化，学生即便不在校内，也能够通过网络获取知识。

（三）展开多渠道考核

在慕课教学模式下，大学英语教学中设置了多渠道的考核手段。如果仅仅是传统的笔试考试或者论文写作，很难将学生的实际能力检测出来。但是，在大学英语慕课教学模式下，可以进行个性化的考核，这样的考核可以将学生的积极性激发出来，从而开展下一阶段的学习。

第四章 大学英语听力技能教学的理论建构

在大学英语教学中，听力技能教学不仅是教学的重点，也是学生学习英语的难点。当今，跨文化交流日益频繁，我们与外国友人交流的机会不断增多，而要想顺利展开交流，第一步就是需要听懂对方说什么，这也是直接影响交流成败的关键。因此，在大学英语教学中，听力技能教学占据着非常重要的地位。本章就对大学英语听力技能教学的理论展开研究。

第一节 大学英语听力技能教学简述

一、听力理解及听的心理机制

（一）听力理解

随着听力的作用逐渐凸显，很多应用语言学家提出听力是语言学习的重要手段，并且开始了对听力的研究。

听力理解就是利用大脑中已有知识，对听力材料进行正确的理解，是一个从语音信号识别到语义构建的极复杂的过程。

安德森（Anderson，1988）指出，在听力理解过程中，听者起着十分关键的作用，而并非单纯地接收信息，他们会激活和运用大脑中的各类知识来理解说话者想要表达的真正意图。可见，听力理解是听者为了达到理解语言的目的，积极运用各种背景知识对声音信号进行识别、筛选和重构的复杂心理过程。

理查德（Richards，1983）认为听力理解过程要经历三个阶段：确定语句的命题、理解说话人的意图、激活相关的知识。听者要通过说话者的字面意思，同时激活大脑中与说话者所说内容相关的文化背景知识，来理解说话人的真实意图。可以看出，听力理解具有两层含义：一是将接收到的语音、语法等信号组成可理解的句子；二是透过字面意思理解谈话的真正意图，即谈话的交际功能。

肯尼思（Kenneth，1976）对听力理解的过程进行研究，认为其包含五个阶段，即辨音阶段、信息感知阶段、听觉记忆阶段、信息译码阶段、语言运用和存储阶段。在经历了前面四个阶段之后，听者就可以获取新的语言知识，进而对它们进行运用与存储。

英语听力，是英语听力理解的简称。樵秋春、李诗和（2007）认为，英语听力理解是有目的地运用储存在大脑中的英语语言知识对耳朵接收到的新信息进行选择、整理和加工，最终获得新的英语语言认知的过程。黄旭琳、黄清贵（2016）指出，英语听力的本质是人们利用听觉器官对英语语言信号进行接收、分辨、归类、整合、内化、理解的过程。

基于英语听力理解，英语听力技能教学绝不只是单纯地听清某一个音，听懂某一个单词或句子，还应该培养学生的语言技能，要求准确理解说话者的意图并进行无障碍的交流。李泽锋（2012）认为，英语听力技能教学是教师引导学生领会知识技能，从而建立认知的过程。这一过程与学生的知觉、思维和记忆等因素密切相关。总体而言，英语听力技能教学的主要目的是培养学生的听力能力和综合能力，并以此为中心来开展各种教学活动。

（二）听的心理机制

在听、说、读、写这四项技能中，听往往被认为是一项接受性的技能，但是并不能说听就是一个被动的过程，而应该认为它是一项非常主动的活动，是一个积极的处理信息的过程。根据心理语言学的研究，听的过程与人的记忆力关系非常密切。人的记忆力（图4-1-1）分为三种，即感知记忆、短时记忆和长时记忆，三者所承担的任务不同，从而构成一个完整的对信息加以处理的系统。

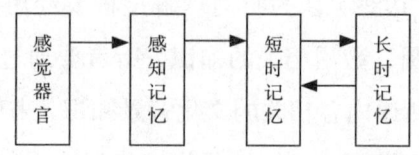

图 4-1-1　记忆的过程[1]

外部的信息经过人类的感官，会保持一个较短的时间，这就是感知记忆，是瞬时的，指的是外部刺激以一个非常短的时间呈现之后，一些信息会通过感觉器官输入并登记在头脑中，形成瞬时的记忆。显然，这是信息加工的第一阶段。

短时记忆指的是信息呈现之后，保持一秒钟时间的记忆。其与感知记忆不同，感知记忆中的信息并未进行加工，是一种不被意识到的记忆，但是短时记忆是经过加工的，是一种活动的记忆。人们短时间记住某件事，是为了加工这件事情，但是加工之后很容易遗忘。如果需要对这件事进行长期保持，就需要对其进行加工编码，然后存储到长时记忆中。短时记忆中的信息有些是来自感知记忆的，有些是来自长时记忆的。因为人们需要某些知识的时候，往往会从长时记忆中进行提取，这样提取的信息就成了短时记忆，便于人们运用。

长时记忆指的是学习的材料经过复述或者复习之后，在头脑中进行长久存储的一种记忆。可以说，长时记忆是一个信息库，其中的容量是无限的，可以将一个人对于世界的一切认识存储起来，并为他的活动提供基础和依据。信息从短时记忆向长时记忆转化，需要对信息进行加工。所谓加工，即对材料进行整合，将新的材料纳入自身的知识系统之中，当然这需要对信息进行组织编码。

根据三种记忆的阶段，听的心理机制可以归纳为三点。

在第一阶段，声音通过人的感觉器官进行感觉记忆，并根据自身已有的知识，将这些信息转向有意义的单位。在感知记忆中，信息存储的时间非常短，听者需要把握时间对这些信息加以整合。人们在听母语的时候，这种感知记忆是非常容易实现的，但是如果听到的是外语，那么就会出现一系列问题，甚至很多时候人们还没处理完信息，新的信息又进入了，导致自身没听懂。

---

[1] 崔刚、罗立胜：《英语教学理论与实践》，对外经济贸易大学出版社 2006 年版。

在第二阶段，信息处理在短时记忆中实现，当然这一过程也是非常短暂的。在短时记忆阶段，听者将听到的信息与自身在长时记忆中存储的信息进行对比，将记忆中的信息充分展开，从而构筑新的命题。听者需要对语流加以切分，当然切分的目的在于获取意义，当获取了意义之后，听者就会忘却具体的词汇、语句。显然，在这一阶段，处理的速度是非常关键的。已有的信息必须在新的信息进入之前就需要处理完成，当然这很容易使学习者的脑容量超载，甚至很多时候无法从信息中获取意义。但是随着学习者听力水平的提升，他们具备了一定的知识储备，那么对信息的处理能力也会加速，从而能够留出多余的时间处理那些比较困难的信息。

在第三阶段，听者会将所获取的意义转向长时记忆中进行存储，并与自身的信息紧密联系起来，从而对命题的意义进行确立。如果新输入的信息与自身已知的信息能够匹配，那么就说明这些新信息容易理解。在这一阶段，如果形成的命题与长时记忆中的固有信息紧密联系的时候，大脑往往会通过积极思维展开分析与归纳，从而使这些信息连贯起来，构筑新的意义，最后储存在自身的长时记忆中。

上述过程只是对听的过程的信息处理步骤进行描述，但是实际上，听的过程要更为复杂，因为听的过程中的信息处理并不是依据语言本身，很多时候听者需要依据具体的语境展开分析，这样才能理解其真正含义。如果听者听到的是母语，他们会将自身长期积累的文化知识激活，并通过自身固有的经验预测下面说话者将要说的话。他们也能明白年龄不同、性格不同的人往往会通过不同的方式将不同的内容表达出来，在教室、医院等不同的场合以及对不同的问题进行讨论时，会使用不同的语言风格。人们采用何种方式，往往受说话者之间的关系的影响，父母对孩子、妻子对丈夫、领导对下属、售货员对顾客等都会影响到语言风格的选择。这些知识在上述三个阶段都会起作用。

二、大学英语听力技能教学的现状

（一）教师的教学情况

1. 课程设置处于弱势地位

在整个大学英语课程设置中，听力技能教学处于弱势地位，受关注的程度并不高。在多数院校中，大学英语的周学时为4小节，但教师常常将教学重心放在精读课上，部分院校甚至将听力课与口语课相融合，变成听说课，从而稀释了听力课的学时，这使得听力技能教学课时难以保障，学生听力能力的培养也难以保障。

2. 教学目标有所偏离

大学英语教学中设置了大学英语四、六级考试，这原本是为了激发学生的学习兴趣，培养学生的英语能力而设置的，但有些教师将通过考试作为教学的指向标，从而忽略学生听力能力和跨文化交际能力的培养。基于这样的目标，在时间有限的课堂中，教师常会把听力技能教学变为题海战术，这样不仅使学生感到枯燥乏味，而且很难真正提高学生的听力能力。

3. 教学模式僵化

受课程设置不合理、教学目标偏离、受重视程度不高等方面的影响，现在的大学英语听力技能教学存在教学模式僵化的问题。很多教师将主要精力放在教学任务的完成上，从而忽视了对教材的整体把握，缺乏对学生的有效指导，甚至目标不明确，只是机械地、一遍遍地播放录音，学生只能被动、盲目地听，这使得听力技能教学拘泥于"听听录音、对对答案，教师解释"的单一模式。在这种教学模式下，不仅课堂氛围沉闷，而且学生的学习积极性不高，学生的听力能力更是难以得到锻炼。

（二）学生的学习情况

1. 基础知识积累不足

现在，尽管听力技能教学受到了学生的重视，但是很多学生的听力水平不高，这很大程度上源于学生基础知识积累不足。一方面，学生缺乏必要的语音知识，对音节、连读等掌握不牢固，加之词汇量积累有限，欠缺语法知识等，这些都会对学生的听力理解造成影响。另一方面，学生缺乏良好的英语学习环境，因此很难对英语音调、韵律等产生敏感性。由于基础知识积累不足，学生的听力能力将很难得到提高。

2. 对听力缺乏兴趣

由于教学方式的单一性和听力本身的复杂性，很多学生对听力学习缺乏兴趣，甚至从心理上对听力产生抵触。这种抵触心理会进一步降低学生参与听力活动的积极性，甚至导致应付听力学习，使听力学习收效甚微。

3. 学习形式单一

受传统教学模式的影响，学生在学习英语听力时，十分依赖教师的教学，依赖于学校的规划和课程安排，进而导致自主学习听力的能力较低，在英语听力上得不到成就感，学习兴趣降低，最终导致整体学习效果不佳。此外，学生跟随教师的课堂讲解，不利于学生建立个性化的英语知识框架和体系，不利于学生自主学习能力的提升。

4. 缺乏英语文化知识

语言与文化密切相关，很多听力材料中都渗透着文化知识。很多学生无法准确理解听力内容，部分原因就在于缺乏必要的文化背景知识。对此，学生在听力学习中不仅要学习听力技能，还要学习文化知识，了解英语国家的历史文化、思维方式等，掌握中西方文化间的差异，这样才能为听力学习扫清障碍，提高听力水平。

5. 缺乏英语听力环境

我国学生是在汉语环境下学习英语听力的，而且主要是通过教材和课堂来学习英语听力，但是学生在课本上学到的英语都是规范英语，因此教师在教学中为了便于学生理解，常会放慢语速，从而使得交流失去了正常的节奏。但在英美国家，人们在实际交际过程中使用的语言具有很强的口语化特征，常使用口语化表达。而在课堂教学中，这种口语化的语言很少出现，学生接触不到地道的英语表达，也就很难提高英语听力能力。

6. 不善于利用课余时间

课堂教学的时间是有限的，因此对课堂教学起着补充作用的课余时间的利用率直接影响着学生的听力水平。但是在实际学习中，学生并没有充分利用课余时间。很多学生没有制订自己的学习计划，只是依靠课堂教学，但课堂教学是面向全体学生的，是针对学生的平均水平制定的，并不能满足学生的个性化需求。如果制订了适合自己的学习计划，并充分利用课余的零散时间，将英语听力学习与日常生活相结合，对提高英语听力水平将起到事半功倍的作用。

(三)教学条件的情况

1. 教学资源难以保证

当前,很多高校不断扩招,因此导致国内一些高校学生的录取量急剧增加,尤其是一些中西部地区的高校。正因为扩招,导致学校的师资力量严重不足。一些学校的英语教师课业非常繁重,他们需要授课、指导学生论文、参加学术会议等,因此教师的时间被占据了大半,导致只有很少的时间进行教学研究,更谈不上培训与进修了,教师的教学能力得不到应有的提升。另外,由于师资力量严重匮乏,加上一些院校的听力教学未得到重视,认为听力课堂是非常容易的,因此放松了对听力课堂的管理,大大削弱了听力课的教学效果。

2. 听力教材更新落后

在大学英语听力技能教学中,教材是重要的载体,在听力技能教学中发挥着重要作用。听力教材的好坏直接关系着学生能否获得最佳的语言材料,并付诸具体的实践活动,并且好的教材能够开拓学生的眼界,促进学生不断提升自身的语言综合运用能力。

但就我国的大学英语听力技能教学的现状而言,有些教材并不适合当前的听力技能教学,甚至有些教材内容陈旧,编排并不合理,缺乏层次性,这就严重阻碍了当前的大学英语听力技能教学的开展。另外,在选用教材上,一些教师并未注意到听力材料的真实性、时效性,也并未考虑一些具体的体裁与题材,导致一些篇章具有浓重的书面语色彩,很少涉及口语痕迹,因此不利于学生英语听力能力的提升。

3. 听力环境不佳

客观环境与教师的听力技能教学和学生的听力学习也有着密切的关系,甚至影响听力技能教与学的效果。当前,我国很多高校的听力设备相对老旧,甚至一些教室的噪声也非常重,这会对学生的心情、状态等产生直接的影响,进而影响听力技能教学的开展。因此,这就要求在当前的大学英语听力技能教学中,教师应该不断创造良好的听力环境,这样才能愉悦学生的身心,让他们愿意听、主动听。

第二节　大学英语听力技能教学的原则

一、激发听力学习兴趣

听力能力的提高需要一个过程，不能一蹴而就，而且需要不断地练习和努力，很多学生由于自己听力能力不佳，加上进步缓慢，因此对听力学习缺乏兴趣。可见，兴趣对于英语听力学习至关重要，对此，教师在开展英语听力技能教学时要有意识地激发学生的兴趣，也就是遵循激发兴趣原则。具体而言，教师在进行听力技能教学之前，首先要充分了解学生的兴趣所在，即了解学生对哪些听力活动和听力内容感兴趣，然后以此为依据来调整教学内容和教学方法，激发学生的听力兴趣，调动学生的积极性，进而提高学生的听力水平。

二、创设英语听力情境

听力是交际的重要方式，学生只有在自然、真实的环境中，才能与环境产生相应的互动，获得真实的语言体验。很多教师往往都有这样的感受，即教师竭尽全力鼓励学生参与课堂获得，但学生依然对听力学习缺乏积极性，课堂教学沉闷。实际上，良好的课堂氛围需要师生共同营造，教师应该与学生积极沟通，充分发挥自己的主导作用和学生的主体作用，在活跃、自然、民主的课堂环境中，创建英语语言情境，进而培养学生的听力能力。

三、重视学生的情感体验

在教学中，教师除了要注重学生学习本身外，还要重视学生的情感体验，这是心理语言学的要求。具体而言，教师要为学生创造一个轻松、愉快的课堂环境。例如，教师在听的过程中可以穿插一些幽默小故事、笑话、英文小诗、英文卡通或英文歌曲等，也可以根据实际情况改变听的形式或更换听的内容等，努力消除学生因焦虑、害怕等产生的心理障碍，创造和谐的学习氛围，使学生获得良好的学习体验，进而提升学生的听力水平。

四、选择多样的教学形式

学生的听力培养途径主要是在课堂上听教师进行讲解，因此在听力技能教学中，教师可以控制自己的语速，从简单到复杂地进行讲解，并且鼓励学生勇于表达自己的观点，这样有助于学生积极参与其中。

另外，教师应该考虑不同的教学目标，选择多样化的教学模式。例如，如果教师是为了让学生区分语音，那么教师可以为学生提供一些发音相似的单词，让学生多听，进而区分这些语音。如果教师是为了让学生对主旨大意进行归纳，那么可以考虑让学生用母语作答，这样可以降低学生学习的难度。

五、注重循序渐进

英语听力学习并不是一蹴而就的，而是一个循序渐进的过程。首先，在听力材料的选择上，教师应该考虑实际情况，从简单入手，进而过渡到复杂的阶段。也就是说，在初期的教学中，教师应该选择一些简单的材料，把握学生的基本听力情况，进而不断地增加难度。其次，材料应该确保自然、真实，与实际的交际场合的说话风格相符合。最后，材料可以选择一些热点、日常会话等，这样才能将学生的积极性调动起来。

六、融入文化背景

语言与文化密切相关，很多英语词汇、短语、句子等都蕴含着丰富的文化信息，如果不了解语言背后的文化信息，将很难理解其内在含义，更无法有效进行交流。可以说，很多听力材料都容纳很多的文化背景知识，学生如果没有对一些必要的文化知识进行掌握，即便听懂了个别词句，也不能明白其中的具体文化内涵，进而对材料的整体也不能准确理解。因此，在英语听力技能教学中，教师必须引导学生对英美文化背景知识加以强化，提升他们对不同文化的敏感度。

第三节　大学英语听力技能教学的策略

一、听力技能掌握法

听力的有效进行是需要一定的技巧的，因此在英语听力技能教学中，教师应运用信息技术向学生介绍以下几种常用的听力技巧。

（一）听前预测

在进行听力训练之前，进行一定的预测是很有必要的。在教学中，教师可以指导学生在正式听听力材料之前，先浏览一下听力问题，据此预测听力测试的范围，如地点、时间、人名等，这样可使听力更具针对性。

（二）抓听要点

在听的过程中，要学会抓听要点。也就是抓听交际双方言语活动中的主要内容、主要问题、主题句和关键字等，对一些无关紧要的内容则可以不用重点去听。

（三）猜测词义

听力过程中不可能听明白每一个词，而且有时难免会遇到陌生的单词，此时如果停下来思考这个词的意思，就会影响对整个听力材料的理解。这时可以继续听下去，通过上下文来猜测词义，这样既不会中断思路，也能够流畅地理解听力材料内容。

（四）边听边记

听力具有速度快和不可逆转的特点，听者在有限的时间内不可能听懂和记住所有的内容，此时就需要借助笔记来辅助听力活动，也就是边听边记录。听力笔记不需要十分工整，听者自己能看明白即可。

二、观赏影片法

英语电影能够营造真实、生动的听力环境，而且能够帮助学生更好地了解西方文化，从中体会中西方文化差异，进而提高跨文化交际能力。因此，将英语电影运用于英语听力技能教学，可有效地激发学生的学习兴趣，提升教学的效率和学生的听力水平。具体而言，可采用以下步骤开展教学。

（一）观赏影片前

在观赏影片之前，教师与学生需要进行准备。所谓准备，即在影片选定之后，教师需要为学生布置一些与影片相关的内容，让学生通过课下的搜索，了解影片的背景知识，通过这样的手段，学生可以对影片有一个基本的了解。

在观看之前，教师需要为学生介绍相关的影片内容，让学生扩展自己的思维，如告诉学生影片中会出现哪些俚语、主角的一些爱好等，这样便于学生带着好奇心观看影片。

在准备完之后，基于对影片的了解观看影片，学生一边观看一边解决相关问题，从而更好地实现学习效果。

（二）观赏影片中

在观看影片的时候，教师可以选择其中的一些经典片段进行循环播放，让学生进行精听。所谓精听，就是要求学生听清楚其中每一个词、句子。通过精听，教师可以让学生明确影片的语言。

在进行精听的时候，还需要进行泛听教学，这样才能让学生对影片故事的梗概有清楚的了解。

另外，在播放影片时，教师可以考虑学生的实际水平，可以暂停影片，提醒学生注意一些关键信息，辅助他们了解一些俚语等，同时对其中涉及的文化差异展开分析，帮助学生获取语言精华。

（三）观赏影片后

在影片结束之后，教师可以有针对性地进行扩展活动，即选择影片中的经典情节，组织学生进行角色扮演，从而巩固学生的听力水平，锻炼学生的表达能力，提高学生发音的准确性，培养学生的语感，同时树立学生的信心，促使学生进行合作学习。另外，教师可以鼓励学生谈论影片的主题及意义，引导学生撰写影评，这样可以巩固影片中所学的词汇、语法等知识，进而提高学生的听力水平。

总体来说，英语电影语言丰富，情节生动，深受学生的喜爱，将其运用于英语听力技能教学，将能够为学生营造一个真实的语言环境，锻炼学生的听力能力。需要注意的是，采用电影辅助法开展英语听力技能教学，在选材上要多加留意，要选择那些语音纯正、用词规范、内容健康的经典影片，这样才能让学生学到地道的英语表达，提高学生的听力水平。

三、文化导入法

（一）通过词汇导入

依据文化语言学的内容，英语听力技能教学中教师应该通过词汇向学生导入文化知识，如此不仅可以提高学生的文化意识和素养，还能丰富学生的词汇量，为听力能力的提高奠定基础。例如，"狗"这一动物在中国文化中多具有贬义色彩，从"狗腿子""狗拿耗子"等词汇中就能看出，而在西方文化中，dog深受人们的喜爱，被人们当作好朋友。在听力技能教学中，有意识地扩大学生的词汇量，丰富学生的词汇文化知识，将对学生听力能力的提升大有裨益。

（二）通过网络多媒体导入

现代信息技术的发展促进了网络的普及，而且在各个领域发挥着巨大作用。在信息化时代，教师可以充分利用多媒体技术向学生输入文化知识。

四、游戏教学法

学生"说不出，听不懂"的问题依然是英语听力技能教学中重要问题，而基于信息技术的发展，游戏教学法成了听力技能教学的突破口。游戏教学法寓教于乐，能有效激发学生参与听力技能教学的积极性，促使学生实现知识能力的自我构建。

（一）设计学习目标

具体而言，学习目标的设计涉及以下三个问题。

其一，交互式游戏教学环境的构建问题。

其二，学生参与交互式游戏教学的积极性和主动性问题。

其三，交互式游戏教学的效果问题。

（二）分析教学对象

在开展游戏教学时，还要对教学对象，即学生进行分析，了解学生的学习需求、感兴趣的内容等，进而因材施教，确保教学效果。

（三）游戏教学的设计和应用

"王者荣耀"这款游戏深受广大学生的喜爱，对此，教师可以依据这款游戏来开展英语听力技能教学。具体而言，教师可根据游戏中玩家协作和竞争的模式，设计角色扮演的游戏教学程序。

五、混合式听力技能教学法

（一）充分利用 TED 资源

TED（technology，entertainment，design）是美国的一家机构，宗旨在于用思想对世界加以改变。TED 演讲的领域从最开始的娱乐领域、技术领域等逐渐向各行各业拓展。每年的 3 月份，TED 大会在美国召开，参加的人物涉及商业、科学、文学、教育等多个层面，他们对这些领域的意见和建议进行分享和探讨。TED 官网的思想性、可及性等为混合教学提供了具体的借鉴。

第一，为英语听力技能混合式教学提供了大量真实的资料，这与传统的音频存在较大差异。传统教学中学生上课接触的资料大多为本族语为母语的优秀英语人才录制而成的，虽然保证了语音的纯正性，但是也改变了交际的真实性。

第二，如上所述，演讲的主题涉及各个领域，这与语言学习是一部百科全书的观点有着相似性，因此可用于英语听力技能教学。

第三，演讲者都是各个领域的一些杰出人物，传达的思想具有前沿性，这有助于提升学生的思辨能力。

第四，TED 官网上发布的视频多控制在 15 分钟之内，是较短的视频，最长的也不超过 20 分钟，这与当前的慕课、微课教学模式相符，也符合英语听力技能的混合式教学。

第五，演讲者是从各地来的，各种真实的情境可以让学生感受到手势、眼神、语速、重音等的运用。

第六，TED官网的视频虽然没有字幕提示，但是在下面会设置独立的互动文稿，并将演讲者的话语显示出来。这便于学生对听的方式进行选择，可以是纯视频的形式，也可以是视频+字幕的形式，或者是先观看视频，之后看字幕。

第七，TED官网的可及性可以让学生选择听的时间、听的内容等，学生制定符合自己学习的目标，对内容加以选择、对进度加以控制，实行自控式学习。

TED视频最大的特点在于提供给学生真实的情境，通过这种真实的听，保证了语言形式、思维以及科技的融合。

（二）加入多样化教学工具

1. 英语歌曲欣赏

在闲暇时间，学生可以欣赏一些英语歌曲，这样可以使自己身心放松，营造自身英语学习的氛围。另外，英语歌曲还可以帮助学生学习其中的表达方式，比如发音技巧等，能有效激发他们学习的积极性。

平时，教师可以引导学生多听一些具有当地文化特色的英语歌曲，也可以选择一些有意义的歌曲，然后教师让学生了解歌词的内容，再通过听写、填空等方式为学生出题，让学生能够真正地听懂英文歌曲。

2. 英语竞赛视频

在平台上，还会有一些竞赛演讲的视频，学生可以通过这些视频感受其中的语音语调，了解优秀演讲者是如何进行演讲和应变的，这样，学生不仅可以提高自身的听力水平，还会掌握一些演讲的技巧。多看一些竞赛的视频，从不同的角度来看待问题，不断提升学生的听力理解能力。

3. 访谈视频

一些名人的视频对于学生的听力学习也是非常有利的，学生会被一些名人、明星吸引，会带着好奇心去听、去看他们的视频，这样对于提升学生的听力水平也是非常有利的。

当然，一般访谈的内容包含多个层面，或者是为了沟通情感，或者是为了讲授生活中的一些有意义的事情，或者是介绍自己的一些经历等，这些都容易引起学生的共鸣，同时还能使学生从访谈者的表情、语速中，学到一些听力技巧以及如何处理一项紧急的事情等。

（三）建立多元化考核机制

在评价体系上，英语听力技能教学要求以学生的专业能力、综合素养等作为教学目标，提倡学生展开自主学习与协作学习，这就要求在评价中必须打破传统的评价方式，即仅采用终结性评价，以教师考核为主。英语听力技能教学要求采用多元评价考核机制，即教师考评、学生自评、同学互评等相结合，实行终结性评价与形成性评价相融合，使学生从被评对象变成主人，而教师从单一的评价者变成评价的组织者。

（四）合理设计听力翻转课堂

在课程开始之前，教师需要布置好音频与视频材料，学生自行听这些材料。在课堂开始后，教师主要负责引导，他们不再是对材料进行详细的讲解，然后给学生对答案，而是将更多的时间花在为学生讲解听力技能上，然后为学生介绍相关的背景知识。课堂形式的展开方式有很多种，可以是表演形式，也可以是讨论形式等。

教师除了应用教材外，还可以自己录制或者应用他人录制好的音频或者视频，在录制时，设置相应的生词、短语以及句型，并添加一些背景知识，这些对于教师来说不仅可以节省时间，还可以提升学生的学习质量和效率。

教学总是围绕书本内容展开的，学生接触的英语材料是非常有限的，如果他们的语言输入不足，那么必然会对他们的语言输出产生影响，这样长期下去，学生对英语学习就失去了兴趣和积极性。另外，随着网络的发展，网络上有着丰富的教学资源，这些资源对于学生的英语学习是非常有利的。听力水平的提升需要学生进行大量的练习，因此教师可以通过网络平台，为学生搜集相关的音频或者视频资料，让他们展开练习。

教师可以对这些网络资源进行整合，为他们的翻转课堂所用。例如，课堂上教师可以从 TED 网站上选择一些音频或者视频，将视频与任务为学生布置下去，让学生有充足的时间进行观看。还可以从学生的学习程度出发，将学习任务分开，如果学生的水平是初级的，那么要求他们听懂大意即可；如果学生的水平较高，可以让学生去查找一些相关背景，让他们读懂整篇文章，这样在课堂上他们可以相互讨论，从而成为学习的主体。

第五章 大学英语口语技能教学的理论建构

口语是人与人进行交流的一个重要手段与方式，在语言学习中非常重要。对于大学生来说，大学英语口语技能教学是学生提升口语技能的一个重要方面。但是在当前的大学英语口语技能教学中，很多学生即便学习了多年的英语，但仍然说不出口，这使口语技能教学遇到了困境。当然，教师在大学英语口语技能教学中也会存在各种问题与困惑，因此就需要相关的理论进行指导。本章就对大学英语口语技能教学的理论展开分析。

第一节 大学英语口语技能教学简述

一、口语及口语技能

（一）口语

口语是最直接、最方便、最经济的，同时也是最重要的交际工具。早在人类社会发展的初级阶段，人们就已经对口语形成了初步的认识。随着人类驾驭语言能力的不断提高以及社会发展的迫切需要，人们对口语的认识更加系统化，对口语技能教学理论的研究也进一步深入。

早在古埃及时期，口语艺术就已经和劝说他人的能力以及借助修辞手段影响他人的能力紧密地联系在一起。在古希腊，口语方式的系统的辩论方法可以追溯到公元前 5 世纪，并且在公元前 460 年左右达到它发展的顶峰：诡辩。相比单纯的以学习口语技巧为目的而言，人们更大的言语学习动机是向往更高的受教育程度和满足法庭辩论的需要。

除了在法律和辩论方面所起的作用,口语艺术在古希腊的政治生活中也占据了举足轻重的地位。古希腊演说家及政治家狄摩西尼斯将强有力的言语形式带入公众的政治生活中,他的名字也几乎和修辞成为同义词,以至于整个文艺复兴都受到他的影响。这一时期流传下来的关于口语艺术的最著名的作品要数亚里士多德的《修辞学》(*Rhetoric*)。在此书中,口语技巧的传授被分解为三个层面的问题,即说话者、听者和言语。此书的成功之处在于综合处理了理论和实际运用的关系,在一定程度上将内容与形式合二为一。早期希腊讲授口语技巧的教师将一些至今仍影响西方辩论模式的关键性理念引入其中,如利用概率的概念作为说服他人的工具,使言语的体系性更强,并利用情感因素说服听众。

随着古罗马文明的兴起和诸如西塞罗、昆提利安等著名学者的出现,希腊的修辞理论长期地在法律和政治领域得到广泛的运用。而该时期人们对于口语技能教学的一些早期认识时至今日仍被认为是正确的。虽然人们对于言语的认识自古有之,然而,口语技能教学理论真正形成却是在18世纪之后。

在18世纪,关于言语的研究主要在于如何对语法进行正确的使用。即便如此,优雅的语言逐渐成为人们对语言进行准确使用的目标。在这一时期,出现了语法翻译法,并在18世纪末期盛行,这一方法是用母语来讲述外语,在外语教学中,这一方法有着极大的影响力,并且在很长的一段时间存在。因此,虽然人们对于口语语言存在着很大的兴趣,但是对当时的教育影响不大。

19世纪,随着语言教学的推进,口语理论也发生了巨大改变,这一改变尤其体现在欧洲使用的语法翻译理论被80年代的改革运动取代。改革运动的精髓主要包含如下几个层面。

①口语占据第一位,口语技能教学法在课堂上绝对优先。
②把围绕主题的相联系的语篇作为教学的核心。

在这一时期,出现了自然法、谈话法、直接法、交际法等听说领先的教学方法。

到了20世纪50年代,情境教学法在法国兴起,并先后流传于英国、南斯拉夫等国家。随着录音技术的进步以及彩色出版物的出现,以言语作为媒介推进语言学习成为焦点。虽然口语被运用到自然的教学中，但实际形式并不是展开自然的交流，因为要练习语法结构，必然要对口语交流进行限制，因此20世纪上半期的口语技能教学理论实际上是自相矛盾的。

在20世纪70年代，外语教学越来越多地受到了认知理论和社会语言学理论的影响。很多语言学家也逐渐认识到，听说法将语言交际的两个层面忽略了，即过分重视语言的结构形式，却忽视语言的内容与意义。并且，听说法比较具有机械性，使得句型操练脱离了具体的语境，很难培养和提升学生的交际能力。显然这一教学法对于交际过分强调，并认为英语教学不应该如同语法翻译法那样对于语法过分强调，也不能像听说法那样对于结构过分强调，而应该从语言的表意功能出发。这样做可以将"以学生为中心"体现出来，基于学生的实际情况对教学内容加以选择，对教学目标进行合理的确定。显然，这一教学法主要目的在于培养学生的交际能力。受到20世纪60年代乔姆斯基著作的影响并伴随着70、80年代"交际法"的不断壮大，语言教学领域朝着两个方向分化，并且这两方面都对当今人们对口语形式的认识产生了一定的影响。

近些年，一些学者又提出了任务型口语技能教学的理论，这一模式是基于口语习得理念建构起来的，同时也吸收了交际法的精髓。任务型口语技能教学将交际意义视作中心，主要是为学生的交际能力服务。但是，由于其过分强调交际，会让学生过分依赖交际策略，甚至也会将注意力转移到交际上，因此会一定程度上丧失对整体性的理解。

（二）口语技能

在英语活动中，关于口语，可以理解为两点。

①口语技能。所谓口语技能，指的是口语具体表达的状态，是从掌握语言知识，到形成口语能力这一过程中的一个必备环节。口语技能对于口语能力的发展有着非常重要的作用。一般来说，英语口语技能大致包含如下几点。

第一，语音语调要保证正确。

第二，词汇的运用要保证贴切。

第三，语句的基本结构要与表达习惯相符。

第四,发话人的言语反应要敏捷。

第五,语言表达应该简明。

②口语能力。口语能力是对口语技能的一种潜在的调节。口语能力的好坏直接决定着口语技能的好坏。

口语技能即发话人通过听力、口语,与他人展开交际的一种能力,是语言能力的一种外化的表现。口语技能要求学生对所学的语言知识、语言材料进行综合运用与创造。要想提高口语技能,就必然需要口语实践,这也是最根本的途径,但是口语技能的提高并不是一蹴而就的,而是一个漫长的过程。学生需要不断练习、不断说,才能不断提升自身的口语技能。当然,在这一过程中,学生也会逐渐形成自己的英语思维。

二、大学英语口语技能教学的现状

口语作为一项重要的英语技能,具有显著的实践性特征。对于现代的大学生来说,口语是他们交际能力培养的重要途径。但是从目前来看,我国大学英语口语技能教学的现状并不佳,口语障碍和口语技能教学中的问题普遍存在。对这些问题进行分析,能有针对性地解决这些问题,进而改善大学英语口语技能教学的现状,消除学生的口语障碍,提高学生的口语表达能力。具体而言,大学英语口语技能教学中的问题主要体现在以下几个方面。

(一)教师的教学情况

1. 教学理念陈旧

在当前的大学英语技能教学中,很多学校从课程的设置、体系的构建上,都未将大学英语口语技能教学作为重点来凸显。当前的教学中,很多教师将词汇、语法、阅读等的教学视作教学重点,很少涉及听说的部分。即便有的教师也教授听说,但是也更多强调的是听力,口语训练的机会少之又少。很多时候,大学英语口语技能教学往往只是走个过场。

2. 教学模式落后

相较于其他英语技能教学,口语技能教学的实践性更强,需要通过交流和沟通来实现教学目的。这就需要教师根据教学目的创新教学模式，培养学生的口语实践能力。但是就目前的大学英语口语技能教学来看，教师依然采用传统的教学模式，即先讲解、后练习、再运用。这种教学模式虽然符合教学规律，却制约了学生的学习积极性。在这种教学模式下，学生只能被动地接受知识，机械地进行练习，根本没有独立思考和自主学习的空间。现在的学生都习惯接受新鲜事物，根本无法适应单调且缺乏创新的教学模式，这种枯燥的教学模式只会影响学生构建语言的创造力，也会将学生的学习热情消磨殆尽。

3. 课堂缺乏互动

在大学英语口语技能教学中，师生和生生之间的交流和互动是教学的重要内容，也是口语技能教学的核心，对培养学生口语表达能力、实现教学计划起着关键性作用。但是在现在的大学英语口语技能教学中，教师依然在课堂教学中处于中心地位，教师占据着绝对的主导权，课堂教学缺乏互动与合作，学生没有开口的机会，更没有开口说的积极性，自主能力得不到培养，最终口语技能教学陷入僵局。

4. 忽视口语实践训练

尽管当前英语口语技能教学受到了教师的重视，教师也尝试探索相应的口语训练措施来提升学生的口语能力，但是教师对学生的口语训练仅局限于课堂教学，而忽视了学生课后口语强化训练，也很少向学生推荐相关的口语训练平台，最终导致学生的口语训练效果不佳。

（二）学生的学习情况

1. 发音不标准

当前，由于学生来自全国各地，学生的学习基础、语言接受能力不同，导致很多学生的口语水平不同。同时，方言的存在导致很多学生发音不标准，并且在中学阶段的学习中也未进行纠正，因此到了大学阶段更加难以纠正。

另外，传统的大学英语技能教学大多是灌输式的教学，口语技能教学也是如此，很多学生在课堂上往往只是听，表达的机会很少，因此说不出口的现象非常明显。

2. 思路不明确

思路不明确是学生口语学习过程中经常遇到的一个问题。在英语口语练习过程中，学生会存储一定量的信息，并组织信息进行表达。但在实际表达过程中，学生的思维经常会受到限制，尤其是遇到一些生词的时候，就无法判断要说的词汇和内容，在有限时间内不能有效找到合适的句式来表达自己的思想。所以，思路不明确也会影响学生的口语技能。

3. 存在心理障碍

具有心理障碍，是当前学生在大学英语口语技能教学中存在的重要问题。这种心理障碍具体表现为自信心不足，存在焦虑情绪。这种焦虑现象的存在必然会对学生的口语学习造成影响。

4. 练习手段单一

学生练习口语的手段十分单一，通常是在课堂上按部就班地学习英语口语，或者是找外教练习口语，这对学生口语水平的提高并不利。实际上，随着社会的发展和知识的更新，大量的口语 App 诞生并被广泛运用，各大高校也建立了自己的英语自主学习平台，这为学生的口语锻炼创造了条件。学生可以充分利用这些资源来练习口语能力，而不必拘泥于传统的学习方式。

5. 学习很被动

除了上述问题，大学英语口语还存在被动学习的情况。也就是说，很多学生的英语口语学习主要是为了应付考试，或者是为了获得口语资格证书。一旦他们达到了这一目的，就放弃了口语的学习。因此，基于这样的目的，学生很难一直学习英语口语，学习缺乏持久性。

（三）教学条件的情况

1. 教材更新不及时

在大学英语口语技能教学中，教材是主要的教学依据。但是，教师对教材的选择是否合理，对教学效果起着决定性的作用。目前，我国很多学校对于学生的英语综合能力非常重视，因此出现了很多的书籍，但是关于英语口语教材的更新非常缓慢，即便更新了，也没有什么突破感。显然，这些教材已经与市场脱轨。

2.教学设施不先进

在大学英语口语技能教学中,教学设施是其中的一个重要方面。就某种意义来说,一所学校是否拥有较强的教学设施,体现的是这个学校的教学水平是否强大。

随着科技不断进步,其在教育领域的运用更为广泛和深刻,尤其是在英语教学上,科技使得传统的英语教学时间缩短,对教学内容加以丰富,这在大学英语口语技能教学中也是如此。但是,当前很多高校并未引入这些设备,大学英语口语技能教学很难实现声音与图像的融合,这就很难为学生创造一个具体的环境,使学生的口语训练身临其境。

3.评估制度不足

在大学英语口语技能教学中,评估是重要部分之一。通过对学生英语口语进行评估,学校、教师能够清楚教学的效果,学生自己也能够明确自身的学习情况。当前,我国常用的评估形式主要是测试,这对其他技能来说可能比较适用,但是对于口语技能并不适用,可见当前还未形成一套健全的英语口语技能评估制度。

第二节　大学英语口语技能教学的原则

一、明确口语技能教学的目的

所谓明确目的,是指明确口语技能教学的最终目的。在口语学习过程中,学生对于自己语言中是否存在语法错误非常在意,也刻意追求发音是否标准。事实上,英语口语技能教学与沟通并不拘泥于形式层面,因为在口语交流中语法错误是不可避免的,即便是本国人进行交流,也会存在语法错误。因此,学生在学习中不能仅仅为了纠错而纠错,而应该更加追求流利性,只要能够流利地将自己的意思表达出来,就说明这是一个成功的交流。因此,大学英语口语技能教学应明确具体的目的,在教学中应认真倾听学生的交谈,不要因为某个错误而打断学生讲话,中断学生的思路。教师可以在学生交流结束后,针对交流中存在的一些细节问题加以指导，并且给予鼓励，这样能够激发学生大胆说英语的积极性，也能引导学生在日常生活中学会自我纠正。

二、尊重学生的主体性

从很大程度上说，口语课能否成功，与教师、学生对自身的定位是否准确有着密切的关系。传统的教学方法认为教师绝对占据课堂，学生是处于被动的学习地位，因此这样的课堂比较沉闷，学生也很少在课堂上发言。但是，口语技能教学应该以学生为中心，从学生出发展开教学，只有学生是课堂积极的参与者，才能锻炼学生的口语技能。

从口语技能教学的实践来说，虽然很多学生对于口语学习情绪高涨，有着充足的动机，但是由于学生对口语课堂并未有清晰的认知，对口语也未能准确把握，因此一旦遇到交际困难，就产生退缩的情绪。这种情绪反过来必然影响学生口语学习的积极性与主动性。因此，在口语技能教学中，教师应该将学生的口语学习积极性激发出来，具体来说需要注意以下两点：

第一，保证口语技能教学内容更为新颖，使口语课堂讨论的话题更能吸引学生的注意力，这样学生才能变得更为主动。

第二，保证口语技能教学的形式多样，教师可以选择多样的活动形式，如课堂讨论、角色扮演等，营造愉悦的课堂氛围，激发学生口语学习的信心与主动性。

三、保证口语训练的互动性

口语练习本身非常枯燥，经过枯燥的练习，学生很容易丧失学习的积极性，甚至将口语学习抛至脑后。因此，在大学英语口语技能教学中，教师应该把握口语训练的互动性原则，不仅在课堂上传输知识，而且应该与学生进行互动，明确学生练习的进度与效果。

另外，为了保证口语练习的互动性，教师为学生设计的话题应该能够使他们进行互动，并且是有效的互动。

四、注重教学的实用性

大学英语口语技能教学的目的在于帮助学生展开交际,让学生将自己想要表达的信息传达出去,因此口语技能教学的最终目的是让学生展开交流,而并不仅仅是书面传递。无论语言多么漂亮,如果学生不能在合适的场合发挥出来,就会很难实现交际目的。

语言与文化有着紧密的联系,在日常交际过程中,学生应该对自己的语言习惯加以培养,而不是简单地将内容加以联系。虽然语法上的某些错误并不会影响交流,但是语言使用规则上的问题应该多加注意。这就是说,大学英语口语技能教学应该展开文化教学,课堂上渗透一些文化知识,这样学生在表达时就会明白什么场合需要说什么话。

五、把握先听后说

在英语各项技能中,听和说是相辅相成的关系,听力是口语的前提与基础,只有通过听,才能展开说,并且还需要听者反复地听,坚持不懈地听。因此,口语学习应该把握先听后说这一原则,即教师应该先提升学生的听力能力,进而提升他们的口语能力。只有这样,才能帮助学生正确发音,为学生的口语能力提升奠定基础。

六、注重循序渐进

教师要想提升学生的口语能力,不能急于求成,应该坚持循序渐进的原则。因此,在大学英语口语技能教学中,教师应该从简单到复杂地展开,并引导学生将学到的理论运用到口语实践中,这样才能提升学生的口语水平。

当前,我国的大学生来自全国各地,学生的水平也各不相同,很多学生的发音受到方言的影响,因此教师在口语技能教学中应该帮助学生解决这些问题,纠正他们的发音问题,从语音语调这些基础层面进行训练。

另外,教师在安排口语技能教学时,也应该把握从简单到复杂的顺序,如果教师把教学目标定得过高，学生会产生口语学习的压力，很难坚持下去；如果教师把教学目标定得太低，学生达到某一水平后就会沾沾自喜，也很难体会到挑战的乐趣。这就要求教师在制定教学目标时，应该把握适度原则。

七、科学地纠正学生的错误

学生口语能力的锻炼需要学生不断地说，而学生在说的过程中难免会出现各种问题，有些教师不注意纠错的方式，一旦发现学生表达有误，就打断学生进行纠错，这样不仅会打断学生的思路，还会挫伤学生的自信心，更会使学生失去说的勇气。对此，教师应科学地纠正学生的错误，即对学生表达过程中出现的问题加以区别对待，根据学生的性格和所处的场合分别处理。这样能避免影响学生的积极性，也能使学生认识到自己的错误并自行加以改正。

八、兼顾课内与课外教学

口语能力的提升需要大量的练习，但口语课堂教学时间是有限的，学生的口语表达能力不可能在有限的课堂时间中得到锻炼和提升，还需要充分利用课外时间。对此，学生在开展口语学习时，应兼顾课内教学与课外教学，将课堂教学与课外活动相结合，全面提高自身的口语能力。在课堂教学练习的基础上，学生开展相应的课外活动，可以将课堂上所学习的知识在课外活动中进行充分实践，从而达到复习、巩固知识的目的。

九、兼顾准确性和流利性

关于准确性和流利性，学术界展开了激烈的探讨。事实上，在口语技能教学中，这两点都不能忽视。具体来说，在口语技能教学的初级阶段，教师应该注重教学的准确性，当学生的口语学习到了高级阶段，教师可以要求学生注重口语的流利性。当然，作为一名真正的口语训练者，不仅要求自己的口语更加自然，还要追求更加流利，但这一过程相当漫长，教师和学生都要有耐心和信心。

十、发挥肢体作用

在日常的口语交际过程中，人们在说话的同时往往伴随着面部表情的变化和身体的动作，这些体态语的使用不仅体现在它们可以有效地增强交际的效果，还体现在可以提高语言的影响力和感染力，因此肢体语言也是重要的交际手段。据统计，两个人在谈话时，只有35%的信息是由语言传递的，其他65%的信息则是由非语言交际方式传递的。因此，肢体语言的练习也是培养学生交际能力的重要组成部分。在教学过程中，教师正确的肢体语言的使用不仅可以帮助学生理解，而且可以活跃课堂气氛，增强学生的学习兴趣，这对于初级的英语学习者显得尤为重要。

教师在教学过程中眉飞色舞、激昂慷慨、手舞足蹈，可以增加语言的生动性。在口语技能教学中，除了教师做到这一点之外，学生也要在说话时带着手势、动作和表情，这样不仅可以活跃课堂的气氛，提高兴趣，还可以促进自身记忆和自然地使用英语。另外，学生如此做也可以有效地防止自己在说英语时像背书一样，死板单调。

第三节 大学英语口语技能教学的策略

一、文化对比法

英汉文化差异对口语交际有着很大的影响，因此在英语口语技能教学中，教师应加入中国文化元素与西方文化元素的对比，呈现出中西方文化之间的差异。以饮食文化为例，西方人宴请客人时多考虑客人的口味、爱好，菜肴通常经济实惠。中国人为了表示热情好客，在请客时通常准备多道菜肴，而且讲究菜色搭配。引导学生进行文化对比，不仅能提高学生的文化适应性，而且也能减少汉语思维的负面影响，进而提高学生的跨文化交际能力。

二、创设情境法

口语学习的目的是进行实际交际，所以学生只有在真实的情境中开口说英语，才能使自己的口语能力得到锻炼。对此，教师可以采用情境教学法开展口语技能教学。具体而言，教师可以通过角色表演和配音两种活动来创设情境，锻炼学生的口语能力。

（一）角色表演

教师可以根据教学内容让学生进行角色扮演，将主动权交给学生，让学生自主分工、自行排练，然后进行表演。这种方式深受学生喜爱，不仅能缓解机械、沉闷的教学环境，还能激发学生说的兴趣，让学生在真实的社会场景中进行社交活动，锻炼口语能力。当学生表演结束后，教师不要急于评价学生，应先给学生一些建议，然后再进行点评和总结。

（二）配音练习

配音是一种有效锻炼学生口语能力的方式，教师可以充分利用配音活动来提高学生的口语水平。具体而言，教师可以选取一部英文电影的片段，先让学生听一遍原声对白，同时向学生讲解其中的一些难点，然后让学生再听两遍并记住台词，最后将电影调至无声，让学生进行配音。这种方式可有效激发学生开口说的积极性，并且能让学生在欣赏影片的同时锻炼口语能力。

三、美剧辅助法

大学校园中，美剧（中国人对美国电视及网络剧集的简称）十分流行，深受学生们的喜爱。实际上，美剧不仅是一种消遣方式，还是帮助学生认识西方文化、提高口语表达能力和交际能力的重要途径。对此，教师可以运用信息技术介绍一些经典的美剧，以改善口语技能教学环境，激发学习兴趣，锻炼学生的口语表达能力。

（一）选择合适的美剧

美剧通常语言地道、故事情节生动且富有吸引力，是一种有利于激发学生兴趣的学习资料。美剧类型丰富，题材各异，不同类型的美剧对学生的口语能力所发挥的作用也不相同，因此在运用美剧开展口语技能教学时，教师要对美剧进行筛选，选择有利于提高学生口语水平的美剧。此外，教师还要提醒学生不要只沉浸在对美剧的欣赏中从而忽视对美剧中语言知识和文化背景的学习，鼓励学生带着学习动机来观赏美剧。

（二）开展层次性的反复训练

在运用美剧进行口语技能教学时，教师应遵循循序渐进原则，开展反复性的练习，逐步提升学生的口语能力。例如，在首次观看的时候，教师要引导学生将精力放在剧情上；在第二次观看时，教师可以引导学生对剧中的表达和语法等进行推敲；在第三次观看时，教师可以引导学生重点对人物说话的语气以及台词所隐含的内容进行挖掘和分析。分层逐步开展训练，可以有效地加深学生的理解和记忆，对提高学生的口语能力十分有利。

（三）关闭字幕自主理解

在看美剧时，很多学生习惯看字幕，脱离字幕将无法正常观看影片，实际上这样观看美剧对提高口语表达能力并无帮助，学生应对台词形成自己的理解，在不偏离剧情中心思想的情况下抛开字幕自主理解，可以有效锻炼英语交际思维。

（四）勇于开口模仿

学生要想通过美剧切实提高口语交际能力，就要在听懂台词、了解剧情的基础上开口说出来，即对剧中人物的台词进行模仿。只有不断地开口练习，才能培养英语语感，增加知识储备，进而提高口语交际能力。

总体而言，采用美剧来辅助英语口语技能教学不仅能有效提升学生的听说能力，还能提升学生的写作能力，进而培养学生的跨文化交际能力。

四、翻转课堂教学法

将翻转课堂教学运用于大学英语口语技能教学中，主要可以从如下几点入手：

（一）课前任务

对于教师来说，教师要进行备课，为学生制作导学案，对本次课程的教学目标、内容等有明确的认识,然后让教师专门录制视频。

对于学生来说,学生要提前登录平台,对导学案、视频等进行浏览与观看,对自己的学习进度进行调控,当然,遇到问题的时候可以随时暂停,进行分析或者记录,最后点击课前练习,还可以录制音频。

另外,学生与教师或者其他学生之间还可以在线交流,并将自主练习的音频传到平台上,供其他同学品鉴。

(二)探究解决办法

教师组织学生以小组的形式展开探究,学生可以根据自己课前的自学情况,各自交流心得与看法。在这一过程中,教师要时刻注意各组学生的学习情况,保证每一名学生都能够参与其中,并且可以适当地进行指导,或者当个别组有问题时可以为他们答疑解惑。

(三)成果展示

教师组织学生根据课前练习的话题展开多种形式的课堂活动,可以是演讲,可以是问答,或者是复述、看图说话、分组讨论等。这些形式可以让学生积极参与其中,使学生保持参与的欲望。

(四)巩固或拓展

在课堂上,教师应该设置有差别的巩固性练习,学生可以对题目进行自主的选择,如果学生的基础差,他们可以选择基础型的练习题,如果学生的水平比较高,他们可以选择拓展型的练习。

(五)评价与反馈

当一个小组完成展示时,学生需要进行自评,然后再由教师给出评价。教师应该从学生各个方面的表现出发,对学生的学习情况进行客观分析,提出专业的意见。当然,评价并不仅仅是发生在某一个环节之后,而是应该贯穿其中。

第六章　大学英语阅读技能教学的理论建构

英语阅读属于英语语言学习的一项重要技能，是培养语感的一种较好的办法，也是扩大词汇量的一个重要途径。同时，阅读还可以充实学生的知识。英语作为一门通用语言，其地位越来越高，因此对于阅读技能的研究也逐渐进入人们的视野，成为人们关注的焦点。基于这样的背景，对于阅读技能及教学策略的研究显得非常突出。本章就对大学英语阅读技能教学的理论进行分析和研究。

第一节　大学英语阅读技能教学简述

一、阅读理解及阅读模式

（一）阅读理解

阅读是英语学习必须掌握的一项技能，也是对学生英语水平进行衡量的一项重要指标。通过阅读，学生可以获得丰富的信息，拥有丰富的体验，感受语言带给自己的文化魅力。但是，阅读不只是简单地接收信息的过程，还是一种复杂的交际与思维活动，其不仅受到语言能力的影响，还会受到文化因素的影响。因此，在阅读技能教学中，只有重视对文化内容的教授，并将跨文化内容融入英语阅读实践中，才能真正地提升学生的阅读理解与应用能力。

在英语这门语言的学习过程中，阅读能力一直都发挥着重要的作用，因此很多国家都十分重视阅读。例如，美国做过"美国阅读动员报告"，英国启动了"阅读是基础"运动，两国还投入了大量的人力和财力来推动国民阅读能力的提高。

在中国教育教学中，阅读能力也深受重视。关于阅读的定义，不同的学者发表了不同的看法。

纳托尔（Christine Nuttall，2002）对阅读的理解总结为以下三组词：

①解码，破译，识别。

②发声，说话，读。

③理解，反应，意义。①

"解码，破译，识别"这组词重点关注阅读理解的第一步，也是十分关键的一步，读者能否迅速识别词汇，对于阅读者而言有着重要的影响。"发声，说话，读"是对"朗读"这种基本阅读技能的诠释，这属于阅读的初级阶段。朗读是将书面语言有声化，在各种感官的共同作用下加快对阅读内容的理解，这有助于语感的培养。通常，随着阶段的提升，读的要求会从有声变为无声。"理解，反应，意义"强调阅读过程中意义的理解与交流。在这一过程中，读者不再是被动接受阅读材料中的信息，而是带着一定的目的，积极地运用阅读技巧去理解阅读材料的主要信息。

2003年，埃伯索尔德（Aebersold）认为，读者和阅读文本是构成阅读的两个物质实体，而真正的阅读是二者之间的互动。

王笃勤（2003）指出，阅读是一项复杂的认知活动，是读者提取文本中的信息并与大脑中已有的知识结合，从而建构意义的过程。读者理解阅读文本的过程中主要涉及三种信息加工活动，分别是对句子层面、段落或命题层面、整体语篇结构的分析活动。

由上述定义可以看出，很多学者都认为阅读涉及读者和阅读文本，并且认为阅读是这二者之间的交流互动。简单而言，阅读就是读者积极运用已经掌握的语言知识和背景知识等对语言材料进行处理，同时获取信息的过程。

（二）阅读模式

1. 自下而上模式

自下而上模式起源于19世纪中期，是一种较为传统的阅读模式。所谓自下

---

① 孟银连：《高中英语阅读技能教学中文化知识教学调查研究》，重庆师范大学硕士学位论文2018年。

而上,即从低级的单位向高级的单位加工的过程,低级的单位即基本的字母单位,高级的单位如词、句、语义等,从对文字符号的书写转向对意义的理解的过程。

也就是说,自下而上的阅读模式是从对字母的理解转向对文本意义的理解。显然,这一过程是有层次、有组织的。因此,读者要想对语篇有所理解,就必须从基本的字母入手,理解某个词的意思,进而理解句子、语篇的意义。

2. 自上而下模式

自上而下的模式产生于20世纪60年代,与自下而上的模式正好是相反的,是读者基于自己的知识结构,通过预测、检验等手段对阅读材料进行加工理解的过程。自上而下的阅读模式是以读者为中心,侧重于读者自身的背景知识、自身的兴趣对阅读产生的影响。

著名学者古德曼(Goodman)指出,阅读可以被视作一种猜字游戏,读者运用自身固有的知识结构,减少对字母等的约束和依赖。在阅读中,读者需要对语篇结构进行预测,并从自身的知识出发理解语篇。

3. 交互作用模式

交互作用模式起源于20世纪80年代,这一模式即运用各个层面的信息来建构文本。但是,交互作用模式是一种双向的模式。交互作用模式是将上述两种模式融合在一起,涉及两个层面的内容。

第一,读者与语篇之间的相互作用。

第二,较高层次技能与较低层次技能之间的相互作用。

就文本理解而言,自上而下的模式相对来说比较重要;对词汇、语法结构而言,自下而上的模式相对来说比较重要。如果将两种模式的精华提取出来并加以综合,就成了交互作用模式,其便于对语篇的整体理解。可见,这一模式是最为实用的模式。

二、大学英语阅读技能教学的现状

在大学英语技能教学中,阅读技能教学是其中一项重要部分和内容,因此受到人们的重视,并且随着大学英语技能教学的改革,阅读技能教学也不断发展。但是,就目前的大学英语阅读技能教学的现状而言,仍旧存在很多问题,而对问题加以了解，并对这些问题进行解决，则是大学英语阅读技能教学的未来方向。具体来说，大学英语阅读技能教学中存在如下几种问题。

（一）教师的教学情况

1. 教学方式单一

随着大学英语教学改革，其中出现了很多的教学理念，并且一些学者也主张将这些理论应用到大学英语教学中。但是，要想应用进去，还存在一些困难，因为当前的大学英语阅读技能教学仍旧采用传统的教学模式。

在大学英语阅读技能教学中，有这样的情境：教师在课堂上进行认真地讲解，学生在下面认真地聆听，并且不断地进行记录；教师将文章中出现的一些词句进行重点讲解，并且分析整篇文章中的问题，这些都显示出当前的大学英语阅读技能教学形同一节语法课。基于这样的教学模式，学生的阅读学习是被动的，缺乏主动性，使之丧失思考的能力。在这样的教学模式下，学生的阅读能力很难提升。

2. 课外缺乏监督

课堂教学时间毕竟有限，在课堂上教师不可能教授所有的阅读知识，学生也不可能在课堂上完成阅读任务，因此学生的阅读任务需要在课外完成。教师也会为学生布置一些课外任务，但是由于学生对于教师过于依赖，如果教师不抽查学生的课外学习情况，学生并不会认真完成。这就造成了学生本身缺乏阅读量，再加上学生不认真进行课外阅读，从而导致学生的学习效果不好，很难提升自身的阅读水平。

3. 文化意识薄弱

语言与文化有着紧密的联系，这就要求大学英语阅读技能教学中应该教授给学生文化知识，提升学生的文化素养。但实际上，大学英语阅读技能教学中的文化教学很难开展，因为教师本身文化意识就比较薄弱，对文化渗透的概念理解得不够深刻，而且对文化渗透的方法缺乏一定的认识，导致大学英语教学中文化渗透的缺失。同时，教师对教材中的文化素材挖掘不深，缺乏文化素养方面的培训，这也导致教师文化意识不强、文化素养不高，从而影响阅读技能教学中文化知识的导入。

（二）学生的学习情况

1. 阅读的动力不足

学生从中学步入大学，由于脱离了教师与家长的严格管控，因此很多学习需要自主完成。如果学生并未形成自主学习意识，就会浪费大把的时间。另外，很多学生进入大学之后也变得非常松懈，错误地认为英语学习的目的在于应付考试，明显缺乏阅读动力，如果遇到一些篇幅长或者难度较大的文章，他们甚至会放弃阅读。

2. 词汇量和阅读量小

要想对语篇进行顺利的阅读，必须具备一定的词汇量，如果学生的词汇量不足，就很难展开有效的阅读。显然，要想提升自身的阅读能力，首先就需要提升词汇量。如果词汇储备薄弱，即便具有较高的阅读技巧，也毫无用处。

英语阅读需要很大的词汇量，并且因为具有很多的同义词、近义词，有些词汇之间的词义很难辨析清楚，这就使得学生的阅读难度更大，对学生的目标要求也有所不同。要想提升英语阅读综合能力，学生需要基于自身的词汇量基础来展开大量阅读。当然，二者是相辅相成的关系，词汇量需要依靠阅读进行积累，而词汇的积累也是展开阅读的基础。当前，很多学生的词汇储备缺乏，阅读量不高，导致他们很难提升自身的阅读能力。

3. 不爱阅读，不会阅读

很多大学生不想阅读，也不爱阅读，这主要是因为他们对英语阅读缺乏兴趣，即使阅读的英语文章并不难，他们也对阅读提不起兴趣。此外，很多大学生也不会阅读，如单词不会读，句子不会拆分或翻译等，即使学生想要阅读，但因不会阅读，也难以有效提升阅读水平。因此，学生应培养阅读的兴趣，同时学习阅读的方法，这样才能有效提升阅读的能力。

4. 文化背景知识缺乏

现在的英语文章都隐含着一定的西方文化背景，如果学生不具备一定的西方文化知识，那么在阅读过程中遇到一些具有特定文化内涵的词汇时就难以理解其真实含义，阅读就无法顺利进行。

（三）教材方面的情况

在阅读技能教学中，阅读教材尤为重要，并且在阅读技能教学中有着巨大的作用。从整体来说，我国的大学英语阅读教材虽不乏优点，也存在明显的缺点。优点在于，当前的大学英语阅读教材将知识作为中心，对于知识的系统性非常重视，尤其是语言知识的传递与技能的训练等。不足在于，当前的大学英语阅读教材对学生的能力、知识结构等未予以重视。

在教材内容上，当前的大学英语阅读教材要么过于简单，要么过于晦涩。显然，过于简单的教材缺乏挑战性，过于晦涩的教材学生很难理解，很难激发学生的学习兴趣和积极性。

在教材体裁上，很多大学英语阅读教材的体裁很狭小，导致很多时候这些教材的内容与实际脱节。并且，在这些教材中很少涉及人文科学、文化等层面的内容，使得学生的知识面过于狭窄。

第二节　大学英语阅读技能教学的原则

一、把握阅读目的

（一）根据不同的阅读目的运用不同的教学方法

根据阅读时的发音情况，阅读分为两种：一种是朗读，一种是默读。根据阅读的方法与要求，阅读又可以划分为两种：一种是精读，一种是泛读。

朗读作为一种能力，在交际中的用处并不大，却是教学中的一项必要方式和手段。在阅读技能教学的初级阶段，教师应该培养学生的语音语调技巧。

在现实生活中，默读这一手段非常重要，也是获取信息的主要方式，在快速阅读技能教学中能明显体现出来，因此教师应该重点训练学生的默读能力，提升他们的阅读速度和水平。

精读主要是要求学生理解语篇意义与知识，培养他们分析语篇的能力。

泛读主要侧重阅读的流利度和广度，以提升学生的综合能力为目的。

基于上述不同目的，在大学英语阅读技能教学中，教师应该从学生的不同阶段出发，制定不同的阅读目的，选择不同的阅读方式，不断培养学生的阅读技能。

（二）配合不同目的的阅读训练，选用适当的阅读材料

"输入"材料是否恰当，影响着学生阅读能力的提升。在展开阅读技能教学之前，教师需要对学生的现有语言知识进行分析，并考虑阶段教学的重点，从学生的需求出发，选择恰当的阅读材料，保证难度、词汇量等，并且富有交际性与趣味性，这不仅能够调动学生的积极性，还能帮助他们拓展思维，提升阅读能力。

在进行备课之前，教师可以对课本进行充分利用，从不同的阅读目的出发，对课文进行处理，在进行泛读与速度教学的时候，辅以不同题材、不同体裁的阅读材料，便于对学生的阅读技巧进行训练。

二、以学生为主体

根据阅读技能教学的理论，阅读过程是一个语言与思维相互作用的主动的过程，也是一个创造性学习的过程。学生基于教师的正确指导，在以学生为主体的英语阅读技能教学活动中，逐步展开有效的阅读。这就是说，在英语阅读技能教学中，教师应该对教材进行认真的钻研，考虑阅读的目的与内容，为学生设计多种多样的教学活动，但是一定要凸显学生的主体地位，从而激发学生的阅读兴趣和积极性。

三、注重词汇积累

对于英语阅读而言，词汇是必不可少的组成部分，也是顺利进行阅读的基础。作为一名英语教师，应该理解词汇在阅读理解中所扮演的角色。学生理解基础词汇，有助于他们在阅读上下文时猜测出一些低频词汇的含义。研究显示，那些经常阅读学术性文章的学生对术语的判断能力要明显强于判断一般词汇的能力。因此，学生如何积累词汇是教师需要关注的问题。

在词汇积累教学中，单词网络图是比较好的一种方式。在英语阅读课堂上，教师可以给出一个核心概念词，然后让学生根据该词进行扩展，从而建构其他与之相关的词汇。需要指出的是，高频词教学在词汇积累中是非常重要的，其有必要渗透在英语听、说、读、写、译教学之中，并在细节层面给予高频词过多的关注，这样才能便于学生顺利地完成阅读，并根据这些高频词顺利猜测陌生词语的意义。

四、理解文化语境

文化语境知识即所谓的背景知识，是读者在对某一语篇理解的过程中所具备的态度、价值观、对行为方式的期待、达到共同目标的方式等外部世界知识。在英语阅读技能教学中，背景知识是重要的组成部分，尤其是对以母语为汉语的人来说，阅读那些源自汉语文化背景的著作要容易一些，但是阅读那些不同文化背景下的相关著作必然会遇到困境。要想对以英语文化为背景的语篇有着深刻的理解，就需要具备相关的文化语境图式，这样才能实现语篇与学生文化背景图式的吻合。学生的背景知识会对阅读理解产生影响。其中，背景知识包含学生在阅读语篇过程中所应该具备的全部经历，包括教育经历、生活经历、母语知识、语法知识等。如果教师通过设定目标、预测、讲解一些背景知识，学生的阅读能力就能够大幅度的提高。如果学生对所阅读的话题并不清楚，教师就需要建构语境来辅助学生学习，从而启动整个阅读过程。

具体来说，教师在备课之前，应该准备好教材，弄清楚在英语阅读技能教学中出现的一些文化空白情况，精心选择阅读材料，或者给予学生一些线索，让学生通过自己的方法获取知识。当然，教师的课堂教学时间非常有限，学生不能将所有不熟悉的内容一一进行解决，这就需要教师起到辅助的作用。教师需要明确学生遇到的问题，然后帮助学生对所学的知识和材料加以理解。

五、把握阅读关键

受中国应试教育的影响，阅读技能教学与其他教学一样，教师将更多的关注点放在教学检测结果之上，而阅读理解中的理解却被忽视。实际上，成功完成阅读的关键就在于完善与监控阅读理解。为了能够让学生学会理解,可以从学生的自我检测入手,并鼓励他们同教师探讨具体的理解策略,这是元认知与认知过程的紧密结合。

例如,教师不应该在学生阅读完一篇文章之后,提问学生关于理解的问题,而是应该为学生示范如何进行理解。全体学生一起阅读,并一起探讨,这样也便于每一位学生理解文章的内容。

六、兼顾速度与流畅度

英语阅读技能教学存在一个严重的困难就是,虽然学生具备了阅读的能力,但是很难进行流畅的阅读。也就是说,当教师将更多的关注点放在学生阅读的准确性上时,却忽视了学生阅读的流畅性。这就要求教师在阅读技能教学中找寻一个平衡点,不仅帮助学生提高阅读的速度,还要保证学生阅读的流畅性,这是阅读技能教学速度培养的最终目的。一般来说,学生阅读的过程不应该被词汇识别干扰,而应该花费更多的时间研读内容及语言背后的文化。要想提升阅读的速度,一个好的办法就是反复进行阅读。学生通过反复的阅读,实现速度与理解的结合。

第三节 大学英语阅读技能教学的策略

一、"阅读圈"教学法

"阅读圈"指的是学生展开自主阅读、讨论并进行分享的一种手段。[①] 在英语阅读技能教学中,"阅读圈"教学法主要包含以下几个实施步骤。

(一)设计任务

教师将某一个文化专题作为教学内容,对教学目标进行明确,对学生在课堂

[①] 刘卉:《大学英语文化教学中阅读圈教学模式的构建与探索》,《教育现代化》2018年第45期,第236—238页。

以及课外需要阅读的材料加以选择，设计与学生相符的任务，并让学生进行分析和讨论。

（二）布置任务

在这一环节，教师安排学生组成"阅读圈"，每个小圈子为6—7人。之后，教师向学生讲解阅读圈教学模式的理念、要求和规则，告知学生的学习重点和内容。此外，教师可以鼓励学生在自己的阅读圈内承担一定的角色，具体角色示例如表6-3-1所示。

表6-3-1 阅读圈各成员的角色分配示例

角色	具体任务
讨论组织者	主持整个讨论过程，并准备相关问题供圈内成员讨论
词汇总结者	摘出阅读材料中的与文化专题相关的重点词汇和好词好句，引导圈内成员一起学习
总结概括者	对所有阅读材料的文化元素和内容进行总结，与组员分享，并总结、评价小组活动的内容和成果
语篇分析者	提炼阅读材料中重要的语篇信息并与圈内成员分享
联想者	将所读的材料与文化专题相对应的中国文化的内容建立联系，结合最新的社会文化发展动态进行批判性评价
文化研究者	从阅读材料中找到与自己相同、相近或者不同的文化元素和内容，并引导圈内成员进行比较

（资料来源：刘卉，2018）

（三）准备任务

在布置完任务之后，教师需要引导学生展开思考，让学生将需要讨论的问题以及获取的结果用文字表达出来。另外，由于阅读圈内各个成员所担任的角色各不相同，因此教师应该鼓励学生明确自身的任务、完成自身的任务，将自己的看法表达出来。

(四)完成任务

在教师的指导下,学生通过自身努力完成相应任务后,各个小组就可以进行汇报,对所阅读的内容进行加工与拓展,确定汇报的内容,最终用 PPT 展示出来。

(五)评价任务

当学生各自汇报完自己的学习成果时,就可以进入评价阶段了。评价可以是学生自评,也可以是同学互评,还可以是学生和教师共同评价。

二、文化图式法

图式理论充分彰显了阅读的本质,即强调阅读的本质是读者及其大脑中所理解的相关主题知识与阅读材料输入的文字信息之间相互作用与交互的过程。图式理论是一种关于阅读研究的科学理论,其不仅强调文化背景知识与文化主题知识的重要性,还强调词汇、语法在阅读中的重要作用。下面我们通过读前、读中、读后三个阶段进行详细的分析。

读前阶段是信息导入阶段。在这一阶段,要发挥出图式在阅读之前的预测功能。教师可以组织学生参加一些讨论、预测或者头脑风暴等活动,从而将学生头脑中的图式激发出来。在这一阶段,通过自上而下的阅读,学生头脑中的先验知识与文本相结合,从而将图式激活与构建,为学生进一步的阅读打下基础。

读中阶段是文化渗透阶段。在这一阶段,要发挥出图式的信息处理功能。学生们根据自上而下的模式来探究文章的整体思路。一些新的文化知识可以通过自上而下的阅读模式获得,从而构建内容图式与阅读技巧。在读中阶段,略读、细读等都是比较好的策略。

读后阶段是文化拓展阶段。在这一阶段,要发挥出图式的记忆组织功能。教师可以通过各种活动对学生的新图式加以巩固,如辩论、角色扮演、讨论等。图式理论指出学生存储在大脑中的图式越丰富,学生的预测能力就越强。因此,课外阅读是非常重要的。具体如图 6-3-1 所示。

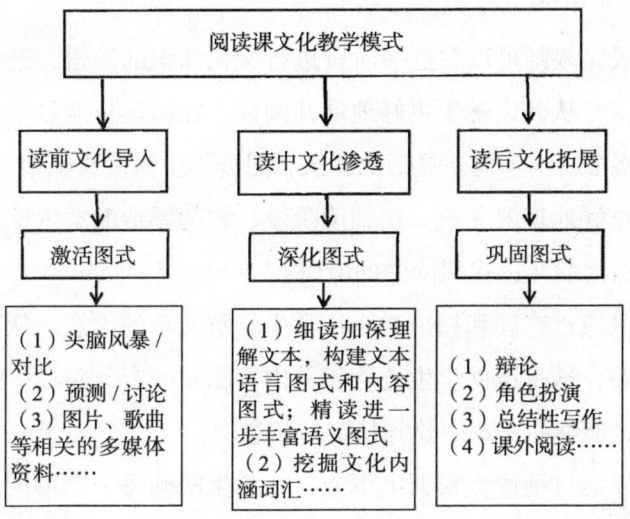

图 6-3-1　阅读课文化图式模式

（资料来源：马苹惠，2016）

（一）阅读前阶段

头脑风暴法。在英语阅读中，头脑风暴法常被用于导入环节之中。学生通过这一方法可以展开丰富的联想，从而刺激头脑中形成新的图式。因此，教师在文化导入过程中要考虑话题的需要，为学生创设合理的头脑风暴，让学生更好地融入课堂之中。

例如，在讲解与音乐相关的内容时，教师可以对音乐类型进行头脑风暴，从而让学生们想象到 Rap、Folk Music 等类型。在这些音乐中，可以让学生对比中西方音乐的不同，从而激发学生学习的兴趣和积极性。

预测与讨论。在阅读之前运用图式理论时，教师应该发挥学生推理的能力。学生通过对文本材料进行解读与推理，从而刺激自身的图式。

运用多媒体资料。在文化导入阶段，教师应该善于运用多媒体资料，让学生更好地体验文化教学的特色。通过多媒体，学生可以更直观地感受语言知识，了解中西方语言文化的差异，刺激学生的图式，让学生在激活自身图式的基础上进行下一步内容图式的拓展。

（二）阅读中阶段

在读中阶段，教师可以在这一阶段进行文化知识的渗透，进一步对学生的内容图式加以丰富，从而让学生更好地展开阅读。在阅读技能教学中，教师采用扫描、略读等策略帮助学生构建灵活的图式，促进学生激发头脑中与之相关的图式，从而便于学生更好地理解文章。在细读阶段，教师要帮助学生挖掘与语篇相关的文化内涵，扫除他们在正式阅读中的障碍。

首先，可以通过略读和扫描法，让学生了解文章的大意，从而获得对文章的总体信息与思路，这是帮助学生建构相关内容图式的有效路径。扫描法是学生根据教师的指令，能够在文章中找到特定的信息。

其次，可以通过细读，根据上下文，让学生明确每一个单词的含义，尤其是那些具有文化内涵的词汇，从而丰富学生的内容图式。

（三）阅读后阶段

在读后阶段，主要是充分发挥学生头脑中的记忆功能。一般来说，读后阶段的文化拓展的方法主要有如下几种：

第一种是辩论。教师可以针对文本材料中的相关内容，选取一些视角让学生展开辩论，学生在辩论中对与文本相关的内容图式加以巩固。同时，通过辩论，学生可以更好地理解文本的文化内涵与文化背景知识。

第二种是角色扮演。学生通过学习与文本相关的文化知识，从而丰富自身的文化内容。然后，学生带着角色有目的地重新阅读文本，教师引导学生对文本进行改变或者情景模拟，从而激发学生学习的兴趣和积极性，提高他们在真实语境下对文本综合运用的能力。

第三种是总结性写作。这一方式有助于学生加深对文本的理解，让学生将文化知识从短时记忆转向长时记忆。

第四种是课外阅读。除了课后巩固之外，教师还应该鼓励学生展开课外阅读。通过大量的课外阅读，学生可以提高学习的自主性，而且还能在阅读中不断丰富自身的内容图式。

三、网络辅助法

将信息技术与大学英语阅读技能教学相融合,大学生可以利用信息技术搜索并学习自己喜欢的英语知识。但是,这并不意味着学生的网络搜索是漫无目的的,其中离不开教师的指导与引导。如果教师对学生的阅读学习不管不问,那么即便信息技术再发达,学生的阅读兴趣以及阅读能力也是很难有效提升的。因此,大学英语阅读技能教学中融入信息技术离不开教师的充分参与。具体而言,教师可以采用如下几种方式。

(一)运用网络激发学生兴趣

教师可以利用信息技术为学生的英语阅读创建一个平台,让学生充分参与其中,利用这一平台来扩展自己的阅读能力。利用信息技术,教师可以为学生准备丰富的阅读资料,实现阅读资源共享。在教学过程中,教师可以依据教材中的内容为学生建立一个网络阅读资料库,将教材中阅读的重点、难点都上传到网络上,同时为学生补充适当的课外知识,以拓展学生的阅读视野。此外,为了避免学生在阅读学习中感到乏味,教师还可以在学生阅读的资料中添加一些图片、视频、漫画、音乐等,另外,在材料的格式、设计上也可以体现自己的特点,让学生爱上英语阅读。

(二)科学合理地选择阅读材料

显然,学生阅读能力的提高离不开大量的练习,换言之,英语阅读术是一门技巧训练的课程,需要花费大量的时间进行阅读训练。因此,这就要求教师为学生准备科学的阅读材料。在信息技术的帮助下,教师可以为学生找到一些贴近课堂教学内容的阅读材料。在上课之前,教师可以为学生布置阅读要点,让学生自己上网搜索浏览,这可以在一定程度上培养大学生的检索以及获取信息的能力。随后,教师将自己所准备的阅读材料发给学生,让学生通过小组的形式阅读与交流,并分享心得。等到课堂结束的时候,教师可以安排学生对这次阅读活动进行总结,每一位学生都要写出总结报告,然后教师对学生的报告给予评价。

(三)科学地进行评估与分类指导

教师除了利用信息技术在课堂上授课之外,还可以利用信息技术对学生的学习成果进行评估。在设计一套合理的教学评估方案之前,教师可以利用网络技术搜索与阅读相关的评价理论或内容,进而结合自身所教授的阅读材料中的生词、语法、词汇量、句法等知识来设计评估内容,以此获取的评估结果将可以充分了解学生的阅读水平。同时,教师还可以对学生的评估结果进行线上统计,对学生阅读的时间、阅读的效率也有充分的了解。

第七章 大学英语写作技能教学的理论建构

写作是一种非常复杂的思维过程,是人们传达思想与情感的一项重要手段。在大学英语教学中,写作技能教学是一个重要的部分,是对教学效果进行衡量的一项重要标准,也是提升学生思维能力的有效途径。我国学生在写作过程中会出现很多问题,这也说明我国的大学英语写作技能教学需要不断地完善。本章就对大学英语写作技能教学的理论进行分析。

第一节 大学英语写作技能教学简述

一、写作及写作过程

(一)写作

写作是人们传达思想与情感的一种书面形式,与口语处于同等地位,不是口语的附属品,而是都属于对语言的重要输出。

写作的过程是非常复杂的,需要复杂的思维,并受到知识、技能、风格、内容、结构等多个层面的影响和制约。如果想要写出一部完美的作品,首先需要保证风格的统一与结构的完整。

需要指出的是,写作并不是简单地从视觉教学编写,而是一个对各类问题与信息展开加工的过程。一般来说,写作的目的也是非常明确的。根据写作目的的不同,写作有论文、报告等多种形式。

通过写作，可以实现如下两大功能：

首先是为了学习语言而展开写作。通过写作，学生可以对自己所学的词汇、语法、语篇知识加以巩固。

其次是为了写作而展开写作。因为通过写作，学生可以将自身的观点表达出来，从而锻炼自身的手和脑，强化自身的写作技能，提升自身的写作能力。

简单来说，英语写作是运用书面形式传达思想与情感的。但是，语言与文化关系密切，是否能够准确地理解文化对写作有着直接的影响。汉语往往呈现整体性与象征性，而英语呈现的是逻辑性与明确性，因此在写作时，学生切不可用汉语的思维展开英语写作，这样写出的文章很难让人理解。

（二）写作过程

写作是写作者将头脑中的信息转化成书面形式的过程，是一个非常复杂的心理活动。具体来说，写作过程可以归纳为如下几点。

1. 构思

构思即所谓的写作计划，是写作者按照一定的要求，在头脑中预先想好自己要准备什么、要表达什么，并在头脑中建构一定的脉络。在写作中，这一阶段非常重要。

构思是一种思维能力，也是一种方法。在进行写作时，除了要在头脑中搜寻与写作相关的材料与信息，还要对其进行加工与组织，这就是所谓的谋篇布局。显然，在写作之前，写作者的头脑中要先建构一个缜密、严谨的文章轮廓。

2. 转译

转译是将作者头脑中的构思转化成文字符号的过程，即将写作者的所想内容用文字表达出来的过程。在写作过程中，涉及多种转译，具体来说包含三级转译。

第一级转译：从头脑思维转向内部言语。

第二级转译：从内部言语转向外部言语。

第三级转译：从外部言语转向书面文字。

显然，写作转译的过程是起草的过程，是将写作者头脑中的思维转化成文本的过程。当然，在起草初稿的过程中，要求写作者建构文章的整体结构，并且使得文章的内容与主题相符合，同时兼顾语法、标点等内容。

3. 修改

初稿完成之后就需要修改，即所谓的润色与加工阶段。只有润色与加工之后才可以定稿。修改涉及写作者对初稿的文章脉络、内容、语法、标点等的修改。在西方学界，修改很受重视，因为修改被定义为一种再创造的过程。

具体来说，修改包含三个层面。

宏观修改，指从整体出发对文章的脉络等进行修改，包括内容、风格、文体等层面。

微观修改，即对文章的句子、段落等细节进行修改，保证句子与句子之间、段落与段落之间的完整性。

校读，即对语句、标点等技术性错误加以修改，保证文章的规范与通畅。

二、大学英语写作技能教学的现状

（一）教师的教学情况

1. 教学方法陈旧

受学时以及应试教育的影响，在英语写作技能教学中，教师仍旧采用传统的教学方式展开教学，即在课堂上为学生提供各种类型的范本，为学生讲解范本，要求学生进行模仿并完成课后写作任务，然后教师进行评价。这种教学方法的重点在于写作结果，忽视了师生之间的交流，也忽视了学生兴趣的培养。这样下去的结果就是学生丧失了学习兴趣和学习动机。

另外，模仿是学生的一个必经阶段，但不是最终的阶段，只有完成创造性的写作才是最终的目的。事实上，创造不仅是一个过程，也是一个结果，如果没有创造性，那么这样的写作也毫无意义。因此，在英语写作技能教学中，教师需要与学生进行沟通，培养学生的学习兴趣和积极性，并灵活采用多种方法开展写作教学。

2. 重形式，轻过程

很多人指出，在英语写作中应该注重形式，并认为这是必然的，因此导致英语写作技能教学中对于句子规范性和文章结构的教学非常重视。甚至有时候，教师为了让学生快速写出一篇文章，往往会让其对类似的文章进行模仿。这样下去就会导致教师和学生都将形式视作写作教与学的重点，忽视了写作的过程与内容。这样的写作仅仅是一种模仿，而不是创造，是流于形式的写作，很少能够触及写作的核心。

3. 教与学相互颠倒

写作教与学相互颠倒主要有如下两点表现。

第一，写作是一个极富实践性的课程，因此写作应该以学生的操练为主，以教师的教授为辅。在实际的写作技能教学中，教师往往花费大量的时间对词句进行讲解，只给学生留下少数的时间进行写作，这样是对教学内容主次的颠倒，对学生写作能力的提升是非常不利的。

第二，写作是一种学生个体的活动，尤其是从构思到写作再到修改。在英语写作技能教学中，教师过多的讲解不仅浪费了学生的写作时间，也会使学生写作的积极性丧失。

4. 忽视文化差异问题

文化因素对于英语写作技能教学有着重要影响，并且会导致学生在写作中遇到一些问题。首先，由于英汉思维方式的不同，英语重视形式，而汉语重视意义，这就导致学生在谋篇布局上出现困难。其次，由于英语和汉语属于不同的语系，有些词语含义是不对等的，这就导致学生容易出现用词错误的困境。

（二）学生的学习情况

1. 语言质量不过关

很多学习者在用英语写作文的时候往往不会使用地道的英语表达，所写出的英语句子存在大量语法错误，甚至很多单词有拼写错误。英语与汉语存在很大差异，英语词汇在词性、用法、词义、搭配等方面都有自己的鲜明特点，如果学习者按照汉语的逻辑思维来组织英语作文，显然就会出现各种语言知识点层面的错误。

2. 中式英语现象严重

中国学习者长期生活在汉语的环境下，受中国传统文化的影响比较深刻，也形成了相对固定的汉语思维习惯。然而，英语思维与汉语思维存在较大差异，汉语思维自然会影响到学习者的英语学习进程，并且往往会带来各种消极影响，"中式英语"就是其中的一个突出表现。很多学习者使用汉语的表达方式来写英语句子，所写出的句子往往词不达意，呈现出中式思维习惯，这一现象所带来的后果是比较严重的。

第二节　大学英语写作技能教学的原则

一、保证任务设计的恰当性

英语写作技能教学的恰当性是指写作任务的设计应该恰当。具体来说，写作任务需要具备如下两点特征。

第一，能够激发学生思想交流的需求，使学生有内容进行写作。

第二，对于学生语言能力提升有帮助，如增加词汇量、学习新句型等。

这两点是作者对写作方法的要求，也是对写作任务的设计要求。具体来说，如果教师要想设计出一个好的写作任务，那么就需要与学生的实际相符，让学生有充足的内容与经验展开写作。同时，还需要符合学生实际的语言能力，这样才能完成写作，将理论知识运用到具体的实践中。

二、确保训练方式与表达的多样性

英语写作技能教学中需要坚持多样性原则，主要体现在训练方式与表达方式上。

从训练方式上说，教师应该采用多样化的方式，如可以通过扩写、仿写等办法训练学生的写作能力，同时教师应该把握好每一种方法的优缺点，让学生在多种方法下掌握适合自己的方法。

从表达方式上说，教师应该引导学生在写作中运用多种表达方式，这样的写作才是灵活的写作。这不仅可以对学生写作中的问题加以弥补，还可以提升学生的灵活运用技巧。这样写出来的文章才更能引起读者的注意。

三、与其他技能紧密结合

写作这一活动并不是孤立存在的，而是与其他技能有着密切的关系。因此，写作并不是单纯地进行，而是要与其他的技能结合起来。也就是说，应该将写作与听力、阅读、口语等技能相结合，只有这样才能保证写作技能教学的有效性，才能促进学生习作水平的提升与进步。这四项技能之间是相互关联的。通过阅读，学生可以获取相关信息，并能够发现写作中存在的问题，通过课堂上的相互讨论，学生可以进行相互交流，并提出相关意见，从而完善自身的写作。

四、凸显学生的主体性

在大学英语写作技能教学中，首先需要凸显学生的主体性，对学生的主体性予以尊重，从学生出发来展开教学。只有将学生的兴趣和积极性激发出来，提升学生的主动性，才能让学生占据主体的地位。当然，让学生占据主体性的方式有很多，其中最有效的一种手段就是小组讨论。

另外，教师是否组织小组讨论、小组之间如何展开小组讨论属于过程教学法的内容，也是过程教学法的关键层面。教师在小组讨论中，不仅可以采用提问的形式，还可以采用卷入的形式，让学生进行集体作答，还可以采用互相帮助的形式。

总体来说，主要就是让学生参与其中，将学生的自主性发挥出来，进而让学生在活动中完成自己的写作。

五、注重范例引路

就学生而言，学生在进行英语写作时，往往会出现如下两点困境。

第一，想说很多话，但是不知道从何下笔。

第二，没有什么话说，或者只能说一点点，不能深入地进行探讨和分析。

因此，在写作技能教学中，教师应该帮助学生解决上述问题，最好的办法就是让学生进行模仿。

在英语写作中，模仿这一方法非常有效，教师在让学生写作的时候，可以为学生提供一些精美范文，学生根据范文进行写作，这样他们写出的文章才能更地道。

另外，教师也可以在学生写完之后给学生提供一些范文，让学生将自己写的内容与范文展开对比。这样有助于学生发现自己写作中的不足，找出自己的问题，从而快速地提升自身的写作水平。需要指出的是，教师提供的范文应该在格式、内容、修辞等层面都能够对学生有所帮助，从而让他们掌握写作的知识。

第三节 大学英语写作技能教学的策略

一、文化教学法

当前，英语写作技能教学应该重视让学生积累丰富的文化知识，摆脱汉语负迁移作用对学生英语写作的影响。在日常的写作中，如果学生遇到困难的句子，他们往往会选择用汉语思维对句子进行组织，导致出现明显的语言错位，这就是受汉语负迁移作用的影响。

因此，在英语写作技能教学中，教师除了对学生的词汇、语法等语言知识进行训练，还需要训练他们的文化知识，避免学生出现负迁移的现象。同时，教师应该鼓励学生多进行阅读，让他们在阅读中挖掘文化知识，从而对自己的语言进行充实，写出一篇得体的文章。

二、结果教学法

早期的英语写作技能教学主要源自修辞学研究，到了20世纪60年代，英语写作技能教学才转移自身的注意力，集中于文学作品的分析与理解层面，目的在于通过分析这些文学作品，掌握其写作手法，从而进行模仿，写出自己想写的东西。因此，人们将这种写作技能教学方法称为结果教学法。

结果教学法是一种从句子层面考虑的教学方法，对学生遣词造句的能力非常看重，并且要求进行句子组合与语法训练，要求学生的能力从句子入手进而发展到语篇层面。教师关注的重点是学生写作的结果。结果教学法一般过程是，教师首先解释某一种修辞手段，然后要求学生对一个作品进行阅读，并在课堂上分析这一作品，接着教师会根据之前的修辞和阅读作品，为学生设置一些写作作业。在这样的过程中，教师可以为学生提供一些范文，最后由教师进行讲评。之所以将结果教学法用于写作教学之中，是因为其侧重于语言的准确性与作文质量。

结果教学法在写作技能教学中的应用非常广泛，国内学者编写的英语写作教材都是根据结果教学法设计出来的。在具体的实践中，结果教学法存在明显的差异。总体说来，这种教学法对语言知识的运用非常重视，要求文章中恰当地使用词汇、句法、衔接手段。从段落上说，对于段落的组织形式非常看重，即要求在写作中运用何种模式组成段落。

结果教学法一般把写作分为四个环节。

①熟悉范文：教师选择一篇范文展开简介，对其中的修辞模式、结构模式展开分析与介绍，并对其中的语言特点展开分析。

②控制性练习：教师指出范文中的某些例句，让学生进行替换，然后学生根据教师的指导组句成篇。

③指导性练习：学生根据范文进行模仿，运用之前脑海中存储的句式进行写作，尝试写出类似的文章。

④自由写作：在这一阶段，学生可以进行自由发挥，这样使得写作技能逐渐成为自身的一种能力。

但是需要指出的是，结果教学法并未考虑写作本身的复杂性，从而导致学生在写作中遇到的困难也并未重视起来，学生的整个过程都是基于教师的控制完成的，并未自由地展现出学生的创作能力，因此写出来的文章往往比较空洞。

三、综合教学法

所谓综合教学法，是指将写与听、说、读几项基本英语技能相结合，使之相互作用提升学生的写作能力，并培养学生的英语综合能力。

（一）听、写结合

听是语言输入性技能，可以为写作积累丰富的素材，加快写作的输出。教师可以采用边听边写和听后笔述或复述的方式开展教学。

边听边写可以是教师朗读，学生记录，也可以是播放录音，学生记录。听写的内容可以是课文内容，也可以是其他故事或内容。

听后笔述或复述是指教师以较慢的语速朗读或者录音播放听写材料，一般朗读或播放两遍至三遍，在这一过程中学生只听不写，在朗读或播放录音完毕后，教师要求学生凭借记忆进行笔述或复述。在笔述或复述时，学生不必拘泥于原文的词句，也不用全部写出或背诵出，只要总结出大意即可。这种方式能够有效锻炼学生的语言组织能力和概括能力。

（二）说、写结合

说与写密切相关，说是写的基础，写与说相互贯通。以说带写，可以有效激发学生的写作兴趣，提高学生的写作能力，还能锻炼学生的口语表达能力。具体而言，教师可以采用改写对话和课堂讨论的方式开展教学。

（三）读、写结合

读与写的关系十分密切，通过阅读可以获取大量写作素材，通过写作可以进一步巩固阅读能力。写作作为一种输出活动，是离不开语言知识输入的，如果没有语言知识的积累，将不可能写出内容充实的文章。而阅读作为积累语言知识的重要途径，能为写作奠定良好的基础。

总体而言，在英语教学中，要重视英语基础知识和技能的教学，不断进行创新，从而提高教学质量，培养学生的英语综合能力。

四、语块教学法

如前所述,受负迁移作用的影响,学生习惯用汉语思维来对文章进行组织,这样很容易出现各种错误,如句式单一、语句不通顺等。因此,在跨文化转型背景下,教师可以采用语块教学法展开写作技能教学。

根据语块教学法,本族语者之所以能够表达顺畅,是因为他们在脑海中会存储一些各种情境下的语块,而不是某一个词。在发话或者写作中,他们可以调用这些语块,无须进行排列加工。这样的语言输出才更有速度与质量。同样,将这一理论运用到写作技能教学中就要求教师对学生加强语块训练,让学生脑海中形成整体的语言知识,以语块来组织写作练习,这样写出来的文章才具有整体性与格局性。

五、做好写前准备

(一)找到写作动机

动机是推动人从事某种活动,并朝一个方向前进的内部动力。它是一种内部心理过程,不能直接观察,但是可以通过任务选择、努力程度、活动的坚持性和言语表示等行为进行推断。而写作动机是指驱使写作者投入创作活动的内在动力,具有自发性与自觉性。它可以是为了表达自己的情感,或者是想要与别人分享自己的一些资源,或者是希望自己的观点获得别人的支持。

动机对人类的行为有着非常重要的作用,要想进行写作,先决条件是要产生动机,写作动机一旦发生,就会促进和推动写作行为的进行。具体来说,动机在写作中有以下的作用。

①动机引发写作。一般而言,写作总是有一定目的,是由一定的动机引起的,没有动机也就没有写作。动机是写作的原动力,它对写作这一活动起着始动作用。动机是需要的动态体现,所以说任何写作总是带有动机的。正是在某种或几种动机的推动下,才促使人们拿起笔,进行写作。

②动机激励写作。动机对写作具有维持和加强作用,强化写作行为以达到目的。不同性质和强度的动机,对写作的激励作用是不同的,动机强比动机弱具有

更大的激励作用。动机强度对写作活动的唤起、维持、强化和调节作用影响很大。在写作过程中，动机总是非常顽强地控制着我们按既定目标前进，激励我们完成写作。

写作是一种个人行为，同时也是一种社会行为。因此，我们应从社会和个人两个方面去考察写作动机应具备的品格，从而培养正确的写作动机。

其一，社会方面。写作总是在一定的范围内，对社会产生影响。一个有道义感和社会责任感的作者，总是努力使自己的作品对社会的发展和进步起到推动作用。他总是紧随时代，贴近民众，不懈地追求着真善美。只有这样的作者才会被社会接纳，受大众信赖。所以，要想成为一个有作为的作者，就必须时刻关注社会的发展，了解社会的需要，自觉地把社会的需要转化成自己的需要，把社会动机转化为个人动机。

其二，个人方面。写作是一种个别劳动，每一个作者都必须对写作有一个正确的认识。写作是生活中不可缺少的一部分，我们必须像对待生活一样真诚地对待写作。不要把它看作闲来无事的无谓消遣和吟弄风月的把戏。应该将写作看成一种切己的需要，把这种切己的需要变成写作的动机。写作使人成为有存在价值的人，使人拥有了精神家园。一个人，要实现自我价值，是不可能离开写作的。无论从事什么职业，担任什么职务，经济情况、社会地位如何，他所创造的业绩、思想上的成果，最终都会体现在写作上。只有体现在写作上，他才能使自己的一切融入人类的文明史中，使其智慧不灭，精神永垂。

（二）使用计划策略

写作过程就好比足球教练在比赛前针对对方球队的特点与出场情况提出对策。不论是完成创作，还是为了应付任务，写作者都应该有一个一般的"对策"。成功的写作者并不只是听课、做笔记和等待他人布置测查的材料。他们会预测完成写作需要多长时间，在写作前获取相关信息，以及使用其他各种方法。换句话说，成功的写作者是一个积极的而不是被动的写作者。所以在写作时，作者要学会使用一些策略去评估自己的理解、预计写作时间、选择有效的计划来学习解决问题，以及如何去改正自己。此外，写作者还要能预测可能会发生什么，或者能说出什么是明智的，什么不是明智的。因此，要确保写出合格的文章，就应该事先做好充分的准备，周详的计划，合理的研究以及适当的提问。①

（三）构建探索性问题

开始写作过程最有效的方法之一是构建问题。探索性问题具有探询性，可以表达作者的异议（dissonance），这种异议性说明作者会在写作过程中有新的认识。因此，对于思考问题和写作的关系也应有一个深入的认识。只有在思考问题中，随着感受的加深、领悟的增多，写作能力才能渐渐提高。思而不写，可有收获，写而不思，所获无多。写的主要价值在于促进思考。有了某种感受、某种认识，要想把它写出来，必须使之清晰化、程序化，才能用语言加以表达，在这一过程中，要进行大量的思考，并在思考过程中，提出探索性问题，使写作内容更细致、更缜密、更深入、更完整，使组织更合理、更艺术，使表达更准确、更有效。②

（四）提出话题

所谓话题，就是谈话的中心。在进行写作活动之前，要先提出一个话题，用以指定写作的范围，然后根据话题的指向性来自拟题目进行写作。自拟题目可以从以下几个方面去考虑选择话题：将自己的专业知识或自身所擅长的技能讲述给他人听；在自己所处的文化背景中寻找话题；选择最让自己感动的事。比如，第一次演讲、参观文明古迹等；选择那些自己想要了解和学习的话题。比如，电脑程序编辑，以现在所学的专业今后会从事哪些职业等；可以上网搜寻话题，利用网上的搜索目录寻找自己感兴趣的事。

确定了话题以后，就要开始寻找与话题相关的素材，对话题进行各个方面的探索，这是一种开拓性的创作活动，运用一些策略帮助回顾对话题已知的信息，并以新的视角和思路重新审视它们会有新的收获。下面是一些有效的关于展开话题的策略。

①头脑风暴。头脑风暴是由美国奥斯提出的，是一种激发集体智慧产生和提出创新设想的思维方法。它广泛用于创造性思维活动之中，其目的是诱发一些新

---

① 姜涛：《大学英语写作技能教学理论与实践》，吉林出版集团有限责任公司2009年版。
② 姜涛：《大学英语写作技能教学理论与实践》，吉林出版集团有限责任公司2009年版。

奇问题中许多可能的思想或解决问题的方法。头脑风暴法的核心是人的创造性想象力。头脑风暴法是为了克服阻碍产生创造性方案的遵从压力的一种相对简单的方法。它利用一种思想产生过程，鼓励提出任何种类的方案设计思想，同时禁止对各种方案的任何批评。用头脑风暴寻找新的素材是一个激发想法和产生信息的好方法。简单地说，就是列出所有与话题有关的内容，可以由一个想法自由联想到另一个想法。因此，所列的顺序并不重要，要让思维围绕话题宽幅扩展。要把所想到的全部都记录下来，因为我们不知道哪一个信息过后会变得很有价值。要快速记录，如果停顿，可以重读已写的信息，这样会有新的思路，运用头脑风暴策略进行写作的时间至少要多于 5 分钟。"头脑风暴法"在写作技能教学中的应用有助于激励学生有创意地写作。使学生思维高度活跃，打破常规的思维方式而产生大量创造性设想的状况。学生们在讨论过程中不断产生新观点，当学生们认为已经把有关话题的观点都想到的时候，就可以编辑清单的内容，形成一个初始提纲，将其融入写作当中。①

②分枝法。分枝法就是将话题进行分解，这是组织思维和探索发现的过程，就像一个树干会有很多分出的枝杈一样。分枝法主张用一个词或短语作为树干，通过对一系列相关信息的联想，发展其分支信息，以话题为关键词向外辐射。它是一个由一般到具体的过程。分枝法会让作者的思维畅游于话题的每个细节，当到达某个小枝节的尽头时，可以重新回来再发展一条新的分枝。分枝法所进行的话题分解包括宏观分解和微观分解两种类型。

其一，宏观分解。从话题的意义、作用、价值的角度拓展思路。从话题的对象、领域的角度拓展思路。从方法、手段的角度去拓展思路。从话题本身的内涵、定义的角度去拓展思路。值得指出的是，由于目前写作技能教学的程式化、套路化，不少学生已习惯将分论点组织成统一的句式，并且一概放在段首，结果使许多作文千篇一律。其实在实际写作过程中，只要做到心中有数即可，具体的语言形式和表达方法不必强求一致。这样，文章才能显得既思路清晰，又活泼多变。

其二，微观分解。它凭借分解出来的若干子话题，上可以支撑基本话题，下

---

① 姜涛：《大学英语写作技能教学理论与实践》，吉林出版集团有限责任公司 2009 年版。

可以统率各类材料，犹如文章的骨骼。而微观分解是从宏观分解派生出来的，它往往用来支撑子话题或中心句，或者充实段落的内容，犹如文章的血肉，似乎称为"子句"更为贴切。

③环环相扣法。环环相扣法即把作者的想法像圆环一样，一环扣一环发展下去。比如，在探索话题相关素材中，作者对哪一点感兴趣，就可以针对这一点展开探索和创作，这就是一环。如果作者在这一环探索中又发现了新的感兴趣的信息，可以再对这个新的信息进行开拓和创作，这就是新的一环。这样一环扣一环，环环相扣地发展下去会极大地丰富写作的素材和想法。环环相扣的最大特点就是：不用明显的语言标志来连缀全文，而通过文章内在的逻辑关系构思全文结构。但组成文章结构链上的每一个环节，关系必须十分紧密，不能有任何的不协调。这种形式特别适用于哲理思辨类文章。

④三视角法。在进行写作时，如果从以下三个角度来审视主题，就会取得新的收获。

其一，从语境角度考虑主题。怎样对不熟悉的人描述主题？它的区别性特征是什么？与主题有关的最重要的人是谁？他又起了什么作用？与主题相关的地点在哪里？它们有什么意义？

其二，从时间角度考虑主题。作者对自己所写的主题的历史了解多少？它们是怎样随时间演变的？在哪儿能了解它们的历史？作者和主题相关的个人经历是什么？是否有与主题相关的因果联系？作者期望话题在未来会有什么变化？

其三，从与其他主题的关系角度考虑。可以将主题置于哪些不同的类别？怎样与同类主题进行比较和对比？能否对主题进行类比？

⑤戏剧提问法。对话题进行提问并写出答案可以帮助作者客观地看待这个话题，或发现新的可能性，也可以为观点的展开提供结构。戏剧提问法通常由6个基本问题组成：发生了什么事？（What happened?）——指行动（the action）；都有谁？（Who was involved?）——指行动者、参与者（agents, spectators, and anyone else affected by it）；什么时间和地点发生的？（When and where did it happen?）——指背景环境（the setting）；怎样发生的？（How did it happen?）——指方式方法（the method）；为什么会发生？（Why did it happen?）——指原因或

动机（the cause or motive）；有什么影响？（What effect did it have?）——指结果（the consequence）。

⑥随笔。随笔是一种散文体裁，篇幅短小，表现形式灵活自由，可以抒情，可以叙事，也可以评论。随笔也就是作者对人生、自然、社会、世情、艺术等具有独特的心灵感悟所作的美妙而艺术的文字倾诉，篇幅小而思想艺术高，人切深而行文笔法妙。

随笔这类文章，一般是讲述文化知识，发表学术观点，或者评析世态人情，启人心智，引人深思。在写法上，它们往往旁征博引，而不做理论性太强的阐释，行文缜密而不失活泼，结构自由而不失严谨，因此，富有"理趣"是它们的突出特色。很多作家都有写随笔的习惯，来记录他们的所见所闻，这些都是日后写作的宝贵资源。① 在随笔中也可以写一些所关心的问题或话题，并把它们列成表以便日后使用。

写随笔可以与自由写作（free writing）很好地联系起来，关于一个话题可以不间断地、自由地写作5到10分钟，这样可以发现新的想法、材料、策略和话题等。

上述的这些展开话题的策略都是注重作者头脑中已知的信息而进行创作的，另外，还有一些其他的方法和策略。比如，与他人分享观点（sharing ideas with others）这样的小组讨论中会有很多新的想法产生。另外，大量的调查研究以及大量阅读等都是有益的创作方法。

（五）确定主题

一般来说，在写作目的中已经明确了所写的方向，而后在主题句中应清楚地表明要对读者说的是什么。主题句要表述明确，如果有能力的话尽量控制在一句中。清楚明了的主题句会使读者准确理解文章所要表达的意义，而模糊不清的主题句则使人疑惑不解。所以，主题句必须有明确的观点。

①主题与文章框架结构。读者通常会有意识或无意识地在文章的前两段中寻找主题。除非他们已经了解文章的主题，否则不会明白文章所要表达的意思。请试着读下面这段话，只读一次。

---

① 姜涛：《大学英语写作技能教学理论与实践》，吉林出版集团有限责任公司2009年版。

His job is not to punish, but to heal. Most students are bad writers, but the more serious the injuries, the more confusing the symptoms, the greater the need for effective diagnostic work. When an accident victim is carried into the hospital emergency ward, the doctor does not start treating the patient at the top and slowly work down without a sense of priority, spending a great deal of time on the black eye before he gets to the punctured lung. Yet that is exactly what the English teacher too often does. The doctor looks for the most vital problem, he wants to keep the patient alive, and he goes to work on the critical injury.

这段话的主题是什么？能在读过一次后讲清楚吗？能用自己的话复述一下吗？没有主题，就没有框架结构去把握和理解文章的意义。因为不知道在读文章时要寻找什么，也不可能分出哪些细节更重要，是将重点置于医生、医院、学生，还是英语老师上？没有主题句提供的文章结构框架的主线，就无法讲清楚。如果在刚才的那段文字上加上一个主题句"The writing teacher must be not a judge, but a physician"段落的意义就变得清楚了。

主题句是文章的统领，是最重要的部分，它掌控着每个分述部分。分述句都是对主题的支撑和佐证。有的作者会在主题句中加入背景介绍。比如，"Beef Cost and the Cattle Rancher"的主题句：

Because of rising costs, unpredictable weather, and long hours, many cattle ranchers have trouble staying in business.

也可以省略背景介绍：

Cattle ranchers' biggest challenge is survival for their business.

初学者通常会发现使用背景介绍有助于发展自己的文章。只要能用主题句准确清楚地表明自己的立场，使用何种方式是因人而异的。

②从写作目的到主题句。从写作目的中提取出文章的主题，这样才能清楚地让读者明白要表达的意义。要记住写作目的是写作过程中预写、准备和探索的阶段。要想概括段落的中心思想，反映作者的写作意图，我们必须借助一个概括性的句子，即主题句，它是段落的核心所在。所以，写好一个段落的前提便是写好主题句。

主题句是英文写作的一个重点，它是英文段落中的核心思想。主题句的位置比较灵活，但也有其各自的特点和功能。针对不同的文体，主题句也采用相应的位置，更好地为全文思想发展服务。

③评价主题。不论写什么体裁的文章，都要有一个主题。所谓主题，就是创作主体通过所写的内容来表达意念、感受、情感和情趣等，也就是作者经过对生活的观察、体验、分析、研究，并通过对材料的提炼而得出的思想结晶。主题立意是否正确、新颖、高远、深刻，直接关系到文章的成败。那么如何使主题更加明确深刻呢？

首先，在选材上要摒弃老套的思路，开拓新的视野。并且，要善于从日常的生活小事中发现具有丰富内涵的材料，只有材料选得好，才能为开掘主题提供最大的可能性。

其次，主题要表达一种感觉、观察、建议、意见或是疑问，它应具有新意，这样对读者来说则具有某种价值或重要性。

最后，主题观点要有意义，一个没有新意的主题是没有意义的。没有意义的主题句通常是一篇毫无价值的文章的序曲，而有新意的主题句则会驱使整篇文章不断发展，像火花一样，会点亮读者的视野。所以，主题要具有科学文化深度和广度的认识，这就要求作者的思想认识和修养的提高，这样的主题可以说达到了充满文化色彩的层次。①

做好了前面的准备后，就可以着手起草文章了，但在写初稿之前要先回答下面的几个问题：

How do I begin the essay?

What does my reader need to know first?

What comes after that?

How much is enough?

Am I forgetting anything?

How do I end the essay?

---

① 姜涛：《大学英语写作技能教学理论与实践》，吉林出版集团有限责任公司2009年版。

第八章 大学英语翻译技能教学的理论建构

在英语学习中,翻译是其中的一项主要技能,是英汉语言的桥梁,是跨文化交流的纽带,在跨文化交流中起着十分重要的作用。甚至很多时候,翻译与跨文化交流的成败有着密切的关系。因此,在大学英语教学中,做好翻译技能教学非常重要。本章就来具体探讨大学英语翻译技能教学的相关理论。

第一节 大学英语翻译技能教学简述

一、翻译及相关理论

(一)翻译

翻译学是一门跨学科的综合性学科,它涉及的许多相邻学科便成为研究翻译的多种途径。译者原语理解能力强,译语驾驭能力强,那么他对翻译本质的认识就越深刻。但这种对翻译本质的认识必须建立在一定的翻译意图基础之上。我们知道,任何作者都有自己写作的意图、表达的主题,以及实现写作意图、完成表达主题的手段。"意图"和"主题",也就是通常所说的内容(下文所说的理事情象)。"手段"就是形式(下文所说的音字句篇)。同样,任何译者也都有翻译意图以及实现意图的手段。这里的翻译意图既可以是指译者自己的意图,也可以是以作者的写作意图为自己的翻译意图。在写作过程中,意图和主题对作者具有操控作用;同样,在翻译过程中翻译意图对译者具有操控作用。关于怎样用译语来实现作者的意图、表达原作的主题，不同的译者往往有不同的看法。正因为不同的译者有不同的看法，从而决定了译者对其他翻译要素的态度。因此，翻译本质在翻译的要素中占有极其重要的地位。

译者对翻译本质的看法最初几乎是与翻译实践同步出现的，它既体现在译者对翻译的直接论述，同时又体现在译者的翻译作品之中（最初是体现在口译中，而后才体现在笔译中）。

翻译实践在我国历史上很早便开始了。从《周礼》《礼记》中都有翻译官专门职称的记载便可知道。《册府元龟》的《外臣部·辊译》记载："象胥掌蛮夷闽貉戎狄之国，使掌传王之言而谕说焉。""象胥"乃古代翻译官的称呼。

尽管我国先秦诸子百家的著作中很难找到有关翻译的详细论述，但《礼记·王制》的论述，却揭示了翻译的本质。翻译的本质是译其心译其意。要译其心译其意就必须首先获其心获其意，而获其心获其意的方法有三种：分析研究、与作者沟通、切身体验。

1. 分析研究

分析研究，包括精研细读和知人论世。精研细读要求译者对所译文本的语音、字词、句式、篇章加以精细的研究分析，明确作者措辞的用意和目的以及表达的内容和情感。

知人论世是中国古代文学批评的原则和方法，其目的是要求人们客观地理解文本及作者的意图，避免误读。

翻译中的知人论世，是指译者在翻译过程中对文本所涉及的人名、地名等相关信息加以综合分析，包括如下几点。

其一，对作者的生平、历史背景和总体写作风格的了解。

其二，对所译原文的意图和风格的了解。

其三，对作品中涉及的人物（包括虚拟人物和真实人物）、地名（包括真实地名和虚拟地名）等的了解。

其四，对事件（包括真实事件和虚拟事件）等的了解。

其五，对所用字词的字形、词源的了解。

其六，对译文意象、典故的了解。

2. 与作者沟通

翻译过程中,译者应尽可能与作者和研究者进行沟通,了解作者的写作意图,寻求解答翻译过程中所遇到的一切问题。如果无法与作者沟通,则需要切身体验。

3. 切身体验

切身体验包括"设身为作者"和"设身为人物"。设身为作者时,要扪心自问:作者为什么要这么写?这么写有何意图?想表达什么样的情感?正如茅盾所说"把译者和原作者合二为一,好像原作者用另外一国文字写自己的作品"。设身为人物时,译者要想象自己就是作品中的人物,经历作品中的一切情景,包括情感体验以及人物之间的关系等。

(二)翻译理论

1. 衔接理论

在语言研究中,专家学者都关注过照应、替代、省略、连接等修辞手段及使用规则,但都没有系统的研究。直到韩礼德(Haliday)与哈桑(Hasan)(1976)合著的《英语的衔接》(*Cohesion in English*)一书出版,标志着衔接理论的创立。首先要探讨的是衔接与连贯,这两者是进行语篇分析最基本的概念。韩礼德和哈桑指出,衔接是一种语义概念,指的是语篇中语言成分之间的语义联系。

一个成分需要在另一个成分的解释下存在时,衔接就产生了。衔接展现了语篇内部之间的结构关系,一般表现为词汇、语法等形式。在语篇关系中,连贯是深层的功能关系,往往需要通过句子与段落之间的关系表现出来。汤普森(2000)认为,衔接属于一种语篇现象,即发话者表达人际、经验等语义连贯的一种手段,属于一种有形的网络。并且,连贯一般在发话者头脑中存在,是一种心理现象。[①]只有保证了衔接,才能实现连贯,因此衔接在连贯中非常重要。照应是一个重要的衔接理论。如果想解释一个词语,但是很难从它自身获得意义的时候,就需要将该词放在语篇中进行理解,这时照应关系就产生了。显然,照应关系是一种语义层面的关系,表现的是一个成分与另外一个成分之间的连接关系,发话者运用

---

① 温俭、杨薇薇:《衔接理论与英语教学》,《教学与管理》2007年第27期,第74—75页。

衔接可以指代上下文某一成分之间的关系，表达上文中已经提到的内容，这样才能实现语篇的完整性。

语用功能学将照应分为内指和外指。内指是语言项目之间的照应关系，而外指是语言项目的意义依存于客观环境中的某项事物形成的照应关系。内指又分为回指——所指对象位于上文和后指——所指对象位于下文。照应发生在句子层面，起到句内衔接的作用；①内指照应发挥语篇衔接作用，而外指则不具备。照应成分的出现可以使读者或译者从语篇上下文中寻找并识别照应对象，达到理解的效果，从而给出正确的解读或翻译。

照应分为三类：人称照应、指示照应和比较照应。人称照应中的第三人称具有内在的衔接功能；指示照应是一种语言指示现象，区别在于远近、时间地点和单复数等，由选择性名词指示词、定冠词和指示副词体现；比较照应通过两个项目之间相似或相同关系来指代，主要通过形容词和副词的比较级来表现，通常为回指照应。

有些常用的衔接词看起来微不足道，如 this 表示空间上较近的人或物，起到承上启下的作用，却是句与句之间无法缺少的纽带。类似照应，替代、省略、连接、词汇衔接都是其中重要的概念。替代和省略是避免重复连接上下文的手段，替代在语篇层面通过替代成分与对象之间的索引关系使各句紧密联系，起到衔接作用；省略指的是结构中未出现的词语可以从语篇其他的小句或句子中找回，一般针对非关键词，不影响对文章的理解。连接是一种仅能通过参照语篇其他部分才能理解的一种衔接方式，通常表现为一些过渡性词语，通过增补、转折、原因和时间来表示时间、条件、因果等关系，起到路标的作用，可以指引读者和译者跟随作者的思路进行理解。

词汇衔接分为重述——重复、同义词、上义词、下义词、广义词和搭配，通过词汇的选择，构建起贯穿篇章的链条，形成篇章的连续性。衔接理论应用于翻译中可以很好地保证翻译的第一步——理解。通过对语篇的分析，理解包括英文文本在内的原文文本，是指导语篇翻译的基础。译者充分理解原文之后，才能做到"准确"翻译，从而保障译文的质量。

---

① 温俭、杨薇薇：《衔接理论与英语教学》，《教学与管理》2007 年第 27 期，第 74—75 页。

2. "目的论"

提出目的论的威密尔根据行为学的理论提出翻译不是一对一的语言转换，而是一种人类的有目的的行为活动。以目的论为代表的功能派试图把翻译从原语的束缚中解放出来，从译者的角度来诠释翻译活动。威密尔认为，"任何一个篇章的产生，都带有一定的目的，并为此目的服务。目的论规则如下：在文本得到应用并存在有意愿使用文本的人员的情况下，以一种能够使你的文本按照使用人员意愿发挥作用的方式来翻译/阐释/表达/书写"。(Each text is produced for a given purpose and should serve this purpose. The skopos rule thus reads as follows: translate/ interpret/speak/write in a way that enables your text/translation to function in the situation in which it is used and with the people who want to use it and precisely in the way they want it to function.)

因此文本的翻译就是要在原语语篇和目的语语篇之间建立一种功能对等的关系，即"目的语篇和原语语篇在思想内容、语言形式以及交际功能等方面实现对等"，完成"完整的交际行为"。因此"信息传达的'真实性'和读者效应是这类文本翻译的'核心'"，连贯性和忠实性法则确保译文文本功能的实现。就很大程度而言，功能目的论提出的连贯性法则和忠实性法则便于译者将译文的文本功能展现出来，从而为译者提供两大标准。[①]

第一，连贯性发展要求译者翻译出来的文章必须能够被读者理解，并且保证语句内之间的连贯性。

第二，忠实性发展要求译者翻译出来的文章必须忠实于原文，并且实现语句之间的连贯性。

3. "顺应论"

比利时教授维索尔伦（J. Verschueren）在《语用学新解》(*Understanding Pragmatics*)提出了语言顺应理论（The Theory of Linguistic Adaptation），认为顺应理论是一种关于人类语言交际行为和认知理论，重心放在语言的产出问题，将"语言即选择"上升到理论层面。顺应理论强调语言与交际目的、交际环境、交

[①] 张长明、仲伟合：《论功能翻译理论在法律翻译中的适用性》，《语言与翻译》2005年第3期，第44—48页。

际对象之间的一致性。

关于翻译，主要指的是语言上下文，即语言符号和信号形式、语篇的上下文衔接连贯。涉及翻译单位中音位层、词素层、词层、语篇层，其中语篇层面的衔接可参考衔接理论。具体到翻译，主要涉及词语在环境中的含义，不同语言语境中的具体含义。交际语境包括交际方、物理世界、社会文化世界、心理世界。这就涉及翻译单位中的话语层，具体在文本翻译涉及的主要是各种社会文化因素、人际关系、认知因素、情感因素等。如信函中的礼貌原则。

结构客体顺应指的是如何对语言各个层次的结构——如语言、话语构建成分、话语的构建原则（语法规则）等——做出选择。如合同中的语言选择如何能符合其正式、庄严、严谨的语言特点。

顺应的动态性顾名思义指的是主体要顺应所处的交际语境，随之变动语言，调整自己的语言层次结构。此点在谈判环节得以体现。顺应中的意识凸显涉及的是在意义生成过程中语言使用者的认知心理因素，即语用意识。文本作为一种应用型文体，源于社会，受到社会规范的制约，其翻译过程需要译者调用自我意识，根据文本特点及风格做出调整。

根据于国栋（2004）的观点，交际者的顺应对象包括顺应语言现实、社会规约和心理动机。词汇的可及性程度决定了顺应语言现实。如果两种语言存在语义及文化空缺时，译者会选择借用的方法，找到类似的含义，表达不同的词语予以弥补。如产品商标的翻译，"鸳鸯"牌枕套，译成英语时处理成 Lovebird，弥补生态文化空缺。

顺应社会规约主要指的是顺应社会文化。社会规约约束、制约社会主体的言行，需要主体进行语码转换，其中回避或避讳最为常用。仍然以商标品牌为例，商标品名的确定极具国家或地方特色，皆为本土文化的体现，文化除了存在空缺以外，最容易出现的就是碰撞，即对同一事物的不同理解，因此音译的形式就成为解决文化冲突的有效方式。心理动机影响语言行为，因此影响交际者的语码转换。根据语用学研究，语码转换一般是由外部因素诱发和为了达到某种修辞效果而采取的方式。其中为某种修辞效果而进行的语码转换指的是"说话人有意识地使用语码转换以获得某种特殊的效果"。

在翻译中，广告的翻译就是最好的体现。为了达到广告的呼唤功能，很多时候翻译不再是简单的"信"的问题，而是顺应消费者购买心理及商家推销心理的行为。

4.语域理论

谈到语域理论，就一定要提到系统功能语言学的创始者韩礼德。他对语域的界定有着自己的看法，其观点被广为接受。他认为语言将随功能的变化而发生变化，语域就是这种由用途区分的语言变体。他指出"语域是由于多种情景特征——特别是指语场、语旨和语式的意义——相联系的语言特征构成的"。语场指的是正在发生的事，涉及语境、谈话话题及交际参与者的活动。[①] 语旨是交际参与者之间的角色关系，涉及社会地位、态度、意图等，体现在语篇中指的是语言的正式程度，如文本属于亲密体还是随和体。语式是语言的交际渠道和语言要达到的功能，主要指的是修辞方式，分析篇章属于书面语体还是口语语体，正式语体还是非正式语体。三个因素中的任何一个发生变化都会引起语域的变化。如信函和普通书信之间由于语旨的差异，信函属于书面语体，而普通书信更接近口语语体。

韩礼德认为语域的三个变项决定了意义系统中的概念意义、交际意义和语篇意义。语场因素决定翻译中寻求概念意义的对等。语场决定交际的性质、话语的主要范围，影响谈话方选择和使用词汇和话语结构。语旨决定翻译中寻求交际意义的对等。语旨涉及交际参与者的社会地位、态度、意图，因此参与者不同，语域也会随之存在差异。这些差异会影响交际句型和语气，译者要把握双方的语言构造，寻找适当的词句、句式、词序表达原语发出者的信息和情感，达到最好的沟通和交流。语式决定翻译中寻求语篇意义的对等。语式主要分为书面语和自然口语，二者之间存在很大的区别，要求译者根据不同的语式确定语篇翻译的文体风格。

因此，针对语篇的特点，翻译必须反映英语原文的语域特征，恰当地表现原文情景语境。首先翻译要做到语场中概念意义的对等；其次寻求语旨中交际意义

[①] 吴菲菲、居雯霞、殷炜淇:《语域顺应与小说对话翻译的研究以〈傲慢与偏见〉人物对话为例》,《上海商学院学报》2011年第S1期,第52—54页。

的对等；最后，翻译要做到语式中语篇意义的对等。当然，只有针对不同的语篇选择不同的语域方式，进行恰当的翻译，才能真正发挥语域理论对英语的翻译。

5. 建构主义理论

建构主义理论复杂多样，其中部分理论可以追溯到古代时期，因此也会显得有些零散，缺乏一定的系统。最近20年是其不断发展的时期，以Habermas（汉伯斯）介绍的一系列理论尤其是交际行为理论为代表，在理论上为建构主义翻译研究打开了道路。吕俊教授提出的建构主义翻译学是在建构主义理论指导下提出的一种以交际为基础的翻译研究。翻译被看成一个重新构建的过程，即译者将原语作者使用的原语重新构建，以译文读者社会可接受的方式重新构建。

源于欧洲的建构主义是现代社会的科学理论，分为不同的流派。18世纪，意大利哲学家和人类学家詹巴蒂斯塔·维柯（Giambattista-Vico）在其著作《新科学：知识源于人类生活建构》中清楚地提出了建构思想。

19世纪晚期，德国哲学家和社会学家格奥尔格·齐美尔（Georg Simmel）和韦伯（Weber）进一步发展了这一思想。鉴于德国自然科学和文化科学的分离，他们认为自然物体与行为体有着本质的区别，人类作为构建社会现实的行为者，其受制于他们的行为方式。发展到20世纪，建构主义思想蓬勃发展，在此时期出现了更多流派。如美国的Mead（米德）首次提出符号互动论（Symbolic Interactionism），指出"社会是由人与人之间互动交流中产生的符号意义构成的"。Alfred Schutz（阿尔弗雷德·舒茨）致力于编著《社会世界的现象学》（*The Phenomenology of the Social World*），其理论不断发展，形成社会建构主义和知识社会学；依照法兰克福流派以往的批判精神和不同流派的本质，以社会学、哲学和意识形态著称于美国和德国的哈贝马斯（Habermas）成功地发展了普遍语用学，并提出真理共识论和沟通行为理论。无疑所有这些流派都从属于建构主义，并为建构主义翻译研究提供了理论依据。

建构主义理论在哲学、社会学以及其他领域取得了发展，与翻译也会碰撞出火花吗？这个问题可以在吕俊和侯向群的著书《翻译学———一个建构主义的视角》中找到答案。基于评判主义和对以往翻译研究的吸收的建构主义翻译研究为我们提供了一个全新的视角。

谈到建构主义翻译研究，就要提及其中的交往理论和理解理论。首先来探讨交往理论。建构主义翻译研究以多种理论为依据，包括实践哲学、交往理性、真理共识论和沟通行为理论。其中，交往理论贯穿其中，认为语言作为本体/实体达到正确、理性和理想的交际和沟通。当然专注于非语言因素也有其必要性，然而语言仍然是建立翻译研究知识体系的首要因素，每一次翻译活动都需要语言作为主要的媒介，因此毫无避免地要研究语言。翻译是一种特殊的人类交往实践，影响着其他人类行为，因此翻译建构主义的哲学基础是理论哲学向实践哲学的转向，是本体论向社会实践的回归。人类的生存行为包括生产和交往，在人文科学和社会科学中，主要的社会实践就是社会交往实践，以理解为首要因素。翻译是一种主要的人类交往、交流信息、分享知识的形式，也是文化间的互动行为。交往推动了社会进步，只有这样理解翻译，才能发现不同文化和理性交际模式之间交流的普遍规律。

建构主义翻译观的理性原则是交往理性，是完全不同于哲学直观论非理性原则、建构主义的目的——工具理性原则和解构主义怀疑反理原则的理性重构。建构主义翻译观认为翻译是文化间的转换和沟通，是人类社会交往的精神方式，因此要遵循社会规则和理性原则。这就要求交际双方中说话人首先应使用恰当的语言，然后遵循协作原则，使译文准确且恰如其分。

真理共识论中共识是主体之间、主客体间的统一。主体交往中，不仅应该遵循语言规律，还要认可和遵守社会接受的规则。此外，真理共识论强调语言协作原则，因此真理的判断不是看陈述是否与现实一致，而是看参与方是否已经相互理解，并认定其有效。运用在翻译中，就是要考虑语境的角色和影响。

其次是理解理论（Comprehension Theory）。理解是翻译中重要的概念，从广义上看，是意义的掌握。关于意义理解有很多种分类，但主要有两大类型：绝对主义和相对主义。为了在理解和含义层面超越绝对主义和相对主义，哈贝马斯（Habermas）意欲重新定义"理解"一词。他认为"理解的目的是达到一定意义上的认可，这源自相互理解、知识共享和相互信任。最狭义的含义是两个主题以同样的方式理解语言的表达；最广义的含义是基于参与双方认同的规范场景之下对词语的正确理解基础上，两个主体之间存在一种协作关系，也就意味着交流参与双方对世界上某一事物构成一种理解，并且让对方能够理解各自的交流目的"。

参照语言行为理论意义的双结构特征，哈贝马斯对理解框架给出了两个分类，分别是交流层面和语言层面。基于此，建构主义翻译观认为说话人通常使用专有词句表达交流意愿。译员不仅要按照语义和语法规则理解词句的含义，而且需要弄清说话人为什么采用特定的表达方式，包括句式的选择、语音语调、礼貌用语等。总之，将语言理解应用于社会交流实践就是建构主义翻译观的理解理论。

（1）建构主义翻译观三原则

传统的翻译标准主要强调译文与原文的统一。不管是"忠实""忠诚"还是"对等"，总离不开专注于原文和对等方面的模式。实际上，篇章的含义既不是与生俱来，也不会是永恒不变，也不源于读者的意图，因此，建构主义翻译观从以下三个方面来探讨翻译的原则。

坚持知识客观性。保证知识的客观性，便于在社会之间进行交流与评判，是人们理解的前提和基础。客观知识是人类对世界进行了解的基础上获得的，是人们的智慧成果。不同主体之间展开交谈，并对社会进行认可，这是必不可少的，之后才能进行检验与批判。客观知识为认知活动的开展准备了条件。对翻译进行仔细的分析和研究，原文往往展现了作者的生活环境与方式，因此译者在进行翻译时，也需要体现这种知识的客观性，这样才能保证译文翻译的质量。如果违背了原文作者的生活情境，那么翻译出的译文就违背了知识的客观性，是需要被摒弃掉的。①

理解的科学性与释义的普遍有效性。建构主义标准作为限定条件，目的在于达成共识，而不是将固定目标强加在译者身上，因此是开放的。面对一段文字，作者的观点和表达方式就是供译者理解的，在头脑中形成两个解读：作者的真正意图与译者的再现方式。

---

① 王蕊：《建构主义理论视角下英文影片字幕翻译策略》，《东西南北》2020年第11期，第84—85页。

翻译活动通过语言的方式理解和解释社会，是一种跨语言的活动，因此从社会理解角度，从一个社会群体去了解翻译活动是很困难的。在文本的开放型语境中，理解原文就是每个译者在他（她）的文化背景的前知识和社会知识的前理解范围内扮演着与作者对话的角色。译者本身的差异就会造成对原文的不同理解，但只要译者的理解是合理的并为社会其他成员所接受，这种差异就是可以接受的。

遵循原文定向性。遵循原文定向性包括原文对译者的约束。翻译除了常见的释义活动以外，并不能完全脱离文本的定向和结构的制约，所有的翻译作品都深植于原文。译者扮演着斡旋者的角色，读者则是译文的终端接收者。因此，读者与译者对话的同时通过译作与原作者进行交流就显得更加重要。在这样的情况下，读者的理解行为无可避免地从原文开始，这种理解首先是原作者基于社会理解的意义构建的。

读者努力从原作者角度理解、阐释，然后表达。这就是一种自我构建的过程。一百个读者对原文就有一百种理解，而译者应该尊重原文结构和语境，也就是说，不能违背原文的定向性，这是前提，否则译者的工作就不是翻译而是创作了。因此，建构主义翻译观的翻译原则是一种开放的标准，从不是将一些要求强加于译者身上，而是起到一种引导的作用；同时为不同的理解和释义留有足够的空间，认同文化差异以及不同文化阶段的不同特征，这就在某种程度上带来了翻译的多样性。

（2）翻译的建构主义原则

翻译的研究多半放在分析翻译过程中出现的问题以及找出导致翻译失败的因素上，而对翻译研究中最关键的问题——理论与实践的结合没有予以重视。因此结合国内外先进翻译理论对翻译的理论指导和实践应用都是相当有必要的。

结构主义的研究模式局限于语言本身，解构主义将研究的重点放在语言的多样性和变化上，忽略了语言本身。建构主义不仅专注于语言学，而且研究翻译活动和翻译行为中各种因素之间的关系。其重点放在语言常规和人类交流中日益接受的社会准则方面，与结构主义和解构主义相比，建构主义在理性思维上更占优势。

由于不同文本的特性、目的以及面对不同的译文读者，翻译方法的选择要依赖于特定的情境。英语作为一种特定目的的应用性问题，在词汇、句法及交际方面具有其独特性，这就决定了作为活动中的工具之一——翻译有异于文学翻译，因此，翻译应该有其独特的翻译原则和灵活的翻译策略及方法，此时，建构主义翻译法可以作为指导翻译的全新视角。

英语的庞大信息资源和翻译的特定性决定了翻译的基本原则无法满足英语的需求。因此，英语翻译的原则要打破传统，做出创新。

正确理解原文。建构主义翻译学重视社会交际，正确理解原文，符合翻译的"准确"原则，这也是翻译首先要考虑的因素，因为哪怕只是小小的失误都会造成难以想象的后果。因此，译者要准确把握原文，精确陈述事实，以便于译文读者能准确理解。这就要求译员具备专业的知识，不至于将 bank balance（银行余额）译成"银行平衡"。翻译专业术语，仅靠基础的词汇采取直接翻译的形式是行不通的。

符合目的语语言习惯。建构主义翻译观的语言基础是语言行为理论，要同时遵循两个规则：一是语言行为表达方面的语言建构规则，涉及语言的正确使用；二是专注于语言行为操作方面的语言协作规则，涉及语言的恰当应用。翻译活动要将这两种规则同时置于首要位置。文化与语言紧密相连，因此英语在某种程度上是英语文化的反映。符合目的语语言习惯的原则就是译者应该了解文化差异，通过对不同文化的认识使用目的语文化的习惯表达，对译文做出适当调整以消除文化差异，力争对等，尤其是广告和商标的翻译。对于想翻译出优秀作品的译者来说，更为重要的是掌握两种文化而不仅仅是两种语言，因为只有在特定的文化中，词语才能体现其真正的含义。

凸显英语的格式与风格。翻译不同于一般的解释性行为，建构主义翻译观认为翻译应该回应原文的定向性，强调其对译者的约束。而英语的格式或风格具有多样性的特点，因此，要考虑格式与内在含义的统一与融合，极力体现原文风格，并根据不同风格灵活调试，运用不同的翻译策略。

二、大学英语翻译技能教学的现状

（一）教师的教学情况

1. 理论与实践脱节

翻译这项技能具有较强的实践性，需要理论与实践结合起来。因此，在大学英语翻译技能教学中，教师除了要把翻译知识、翻译策略传授给学生，还需要让学生参与一些翻译实践。只有在实践中，学生才能将课堂上掌握的一些理论运用于实践。就目前来说，我国很多学校存在明显的翻译理论与翻译实践脱节的情况，意思就是教师仅仅在课堂上教授基本的翻译理论，很少让学生付诸实践，也并未创造机会让学生付诸实践，这样就会导致学生会学不会用。

2. 教师素质有待提升

教师要教书育人，首先必须要提升自身的素质，才有能力引导学生。但是当前，很多教师自身的翻译水平差，能力不足，导致在翻译技能教学中很少能恰当地引导学生，并未形成良好的示范作用，这非常不利于翻译人才的培养。另外，很多教师也不是翻译专业出身的，因此并未熟练掌握翻译理论，从而在开展翻译技能教学时也必然会遇到各种困难。

（二）学生的学习情况

1. 双语能力薄弱

翻译是两种语言之间的转换，因此要想展开有效的翻译，具备一定的双语能力是必需的。也就是说，需要具备运用两种语言展开沟通的基础知识，如两种语言的具体语用、语篇、词汇知识、语法知识等。在进行翻译时，双语能力主要体现为具体语境的翻译能力，如语篇的衔接能力、连贯能力、语法的差异处理能力等。但是，由于当前很多学生缺乏双语能力，导致语篇的连贯性很差，出现了较多的语法错误。

2. 语言外能力不足

翻译涉及的内容和主题十分广泛，除了要具备翻译技能外，还要具备语言外能力，即关于世界和特定领域的陈述性知识。具体而言，语言外能力包括源语文化知识和目标文化知识，也包括百科全书知识，还包括其他领域的学科知识等。

但大部分学生在语言外的能力上有所欠缺,文化知识的翻译表现不佳。例如:

我小的时候特别盼望过年,往往是一过了腊月呀,就开始掰着指头数日子,好像春节是一个遥远的、很难到达的目的地……

I felt particularly expected to celebrate the New Year when I was a child. After the end of Lunar December ...

源于文化知识的欠缺,学生在翻译"腊月"一词时,误译成了the end of Lunar December,其中Lunar一词的确有"阴历"的意思,但不是"腊月"的意思。

(三)教材编制的情况

1. 练习缺乏针对性

与教材相匹配的练习非常重要,当前很多翻译教材缺乏科学性、针对性,具体来说表现为如下几点。

第一,从结构上说,在设计翻译教材配套练习时,形式都比较单一,如列出几个句子、几个段落让学生展开翻译,然后在书的后面直接给出翻译答案,并未给学生提供一些具体的技巧知识,因此学生很难真正地领会翻译技巧。

第二,从材料的选用上说,在编写教材的时候,并未给予足够的重视,往往都是从一些书籍、杂志中进行摘录,直接安排在课后当作练习题,这样具有较强的随意性,选择的形式也多是英汉对照训练,甚至很多练习也都没有具体的来源,给人一种凑字的感觉。

第三,从教材的形式和内容上说,很多练习都是词语互译、句子互译、段落互译,让学生感受不到趣味性,因此学生学起来非常枯燥。

2. 相关性较差

当前,国内的教材出现了一些无序竞争的情况。中国著名学者程晓堂、蔡基刚等对影响英语教材健康发展的一些因素展开了分析和探讨,并且认为使用什么样的教材,往往是由当地的教育行政部门、学校、教师决定的。在当前的大学英语翻译教材市场上,竞争非常激烈,很多出版社出版了体例、形式不同的翻译教材,导致市面上的英语翻译教材各种各样,却并未考虑到系统性。很多高校甚至使用了两家及以上出版社出版的教材，但是并未考虑相关性，导致学生的翻译学习整体性受阻。

3. 教材内容不合理

对我国学生来说，英语属于第二语言，而英语学习的最佳环境当然是将自己置于真实环境中，因此就必须保证教材内容的真实。所谓真实，即能够让学生丰富自身的语境知识，提升自身的翻译能力。但是，当前的英语翻译教材受教学目的的影响，往往对材料进行了改变与修正，因此缺乏真实性。

当然，教材内容还要保证难易程度适中，这是翻译教材需要注意的层面。当前，很多翻译教材在难易程度上存在很多问题，如错误地认为翻译难度就是文章的长度，因此从第一册到第四册的翻译只是在文章长度上做了改变。当然，还有一些翻译教材并未体现出难度梯度。

第二节 大学英语翻译技能教学的原则

一、加强翻译实践

翻译理论的教授是很难培养出好的翻译人才的，因此，还需要进行翻译练习，这就是翻译的实践性原则。在翻译技能教学中，教师应该为学生创造更多的机会展开练习。例如，教师可以让学生去翻译公司实习，通过实际活动来进行体验。

二、注重精讲多练

精讲多练原则主要包含两个层面：精讲和多练。翻译技能教学如果仅从传统教学方法入手，先教授后练习，那么是很难塑造好的翻译人才的。因此，在翻译技能教学中，教师不仅要教授，还需要让学生练习，在课堂上将二者完美结合。

三、兼顾翻译速度与质量

在翻译技能教学中，需要兼顾速度与质量。翻译技能教学的目标在于提升学生的翻译能力。要想培养学生的翻译能力，学生掌握相关的技巧是必不可少的，同时除了掌握翻译技巧,还需要把握翻译速度。这是因为在当前的翻译活动中,很多时候有急催稿件的情况,如果学生的翻译速度慢,在规定时间内来不及交稿,就必然会影响翻译任务的完成。因此,提升学生的翻译速度在大学英语翻译技能教学中必不可少。

具体来说,在翻译技能教学中,教师可以限制学生翻译的时间,如在做翻译练习时,教师可以考虑翻译的字数,刚开始可以从250个单词开始,之后逐步增加,直到能够翻译一整篇文章。

当然,教师除了在课堂上限制学生的翻译时间外,在课外也应要求学生控制自己的翻译时间。通过这样的手段,长期训练下去,学生就能够对自己的翻译时间进行合理的调控。在翻译时,学生也会有意识地提升自己的翻译速度,既创造了较好的译文,又把握了翻译的速度。

四、培养翻译能力与翻译批评能力

教师在培养学生翻译能力的同时,还需要提升他们的翻译批评能力。所谓批评能力,即客观评价他人的翻译作品,有什么优点,有什么缺点。同时,学生还可以从中学习一些优点,并对自己的翻译缺点加以改正,避免以后发生此类错误。

第三节 大学英语翻译技能教学的策略

一、明确翻译标准

随着不同学者对翻译研究的深入,形成了很多翻译思想。在这些思想中蕴含着很多翻译标准,如严复的信达雅说、鲁迅的信顺说、泰特勒的翻译三原则、奈达的"读者反应论"等。下面就针对一些重要的翻译标准展开论述。

从理论上看,翻译标准多体现为:主观性而非客观性,多元性而非单一性,灵活性而非统一性。虽然如此,但翻译标准至少在理论上可以从三个方面加以规约:认知、审美、文化。相对应的就是三个标准:认知标准、审美标准和文化标准。从翻译操作上看,翻译标准又分为内实标准和外形标准。

(一)理论标准

1. 认知标准:真实性与完整性

翻译过程首先是一个从解码获取信息到编码表达信息的认知过程。翻译解码是指译者通过对原文的音字句篇的分析获取其中所传递的信息和意图的过程。翻译编码根据原文信息和意图在译语中进行语音设置、字词选择、句式建构、语篇组合的过程。翻译编码必须以信息的真实性和完整性为标准,使原文信息真实而完整地得以表达,既不能添枝加叶,也不能断章取义。在翻译过程中,译者可以把译语加以重新解码,获取其中的信息,即命题,并与原语解码后所获取的信息加以比对,从而判定原语和译语信息是否真实相同即真实性,以及是否完整即完整性。所谓真实性是指译语所含的命题与原语所含的命题具有所指的同一性。所谓完整性是指译语所含的命题数与原语所含的命题数具有相同性。

2. 审美标准:艺术性和个性

任何翻译实践都是一个审美过程。在翻译解码过程中,译者必须带着审美的眼光,对构成原文的字词、句式和语篇的审美特性及其规律与原文的信息意图所构成的艺术特性加以认识和领悟。在翻译编码过程中,译者必须用译文把原文体现出来的艺术特性表现出来。原文形式与原文内容完美结合便构成了原文的艺术性,每个作家或作者都有自己的个性,每一个译者也都有自己的特性。体现在翻译标准中,就是艺术性和个性。翻译标准的艺术性是指译者用译语表达原文内容采用的艺术手段和技巧。所谓翻译个性,是指原文的独特性和译者的个体性。原文的独特性即风格,分为三个层面:一是作家的个人风格;二是文本文体风格;三是人物性格。从理论上说,译文中不应该出现译者风格的影子。但在翻译实践中,译文不可避免地表现出译者的个性。

3. 文化标准:接受性和变通性

作者与原语是源语文化的承载体。译者与译语是译语文化的承载体。任何翻译都是由译者来实现的,因此,译者在翻译时不可避免地受到译语文化的控制。体现在翻译标准上,就是译文的接受性和变通性。翻译的过程是一个源语文化和译语文化冲突磨合的过程。文化冲突体现在翻译标准上就是接受性,文化磨合体现在翻译标准上就是变通性。翻译的接受性体现在:源语文化是否被译语文化所接受。翻译的变通性是指因译语文化而对原语形式进行灵活处理。但两者都具体体现在翻译策略上的"宜""异""易""移""益""遗""刈""依"。

理想的翻译标准是以上三个方面的完美结合。但在翻译实践中,翻译三个层面的标准对译者的控制作用是各不相同的。文化标准是翻译中的"战略"标准,具有宏观控制作用,指明翻译的方向。审美标准是译者的个性标准,它既是原文独特性的体现,又是译者个性张扬的手段。认知标准是翻译中的"战术"标准,具有微观控制作用。

翻译标准,无论哪个层面,都对翻译策略具有决定性的控制作用。

(二)操作标准

任何语言都可以分为外形和内实两个层面。外形指语言的表层结构,可分为"音""字""句"和"篇"四个层面,内实是指文本外形所承载的"理""事""情"和"象"。换句话说,说话者总是通过一定的语言形式("音""字""句""篇")来表达内心("理""事""情""象")。语言不同,其语言形式也就不同,具体地说就是,每一种语言在"音""字""句""篇"上的组合方式都有自己的特点,这种特点就是该种语言的共性。同样,人不同,其语言形式也可能不同,这种"不同"也就是说话者个人的语言风格。

翻译有三大任务,一是要保持原文的"理""事""情"和"象";二是要保持译语的顺畅性;三是要保持作者的说话风格。第一个任务要求译者做到理清、事明、情真、象形;第二个任务要求译者做到音悦、字正、句顺、篇畅;第三个任务要求译者将第一和第二个任务完美地结合在一起,保持作者的说话风格。因此,从翻译操作上来说,翻译标准分为内实标准和外形标准。

1. 内实标准:理清、事明、情真、象形

理清:指文本表达的义理(意义)的清晰性。译者不仅要解读出原语所表达或所象征的义理,即意义,还要精心提炼译语来再现原语所承载的义理。

事明:指文本所引典故和所叙事情的明晰性。译者不仅要解读出原文所引典故或所叙事情的意图,还要精心提炼译语,清晰明确地再现原语所承载的"事"。

情真:指文本传情达意的真切性。译者不仅要解读出原语所表达的内心情感,与作者产生共鸣,还要精心提炼译语来传达原语所承载的情感,使译语与原语所抒发的情感保持真切性。

象形:指文本所呈现的意象的形象性。译者不仅要在解读时脑海中唤起文本所承载的事物意象,同时还要精心提炼译语,准确形象地表达原语所承载的意象。

"音""字""句""篇"既可指意理、意事,也可指意情和意象。偏重于"理"者多属于应用文体,偏重于"事"者多属于叙事类文体,偏重于"情"和"象"者多属于文学文体。

2.外形标准:音悦、字正、句顺、篇畅

音悦:指语音的悦耳性。它是人类为了达到某种意图而在言语语音上的一种审美追求。译者不仅要解读出原语语音秩序、节奏和修辞的意图,还要再现原语语音的意图,并精心提炼译语语音秩序、节奏和修辞,使得译语也具有悦耳性。

字正:指语言字词的正确性。既然是约定俗成,那就意味着汉语就有汉语约定俗成的语法,英语就有英语约定俗成的语法。文体性是指译语字词与原语字词的文体保持一致性。

句顺:指通顺地设置译语句式,准确地表达原语所表达的意图。

篇畅:指积句成篇上的通畅性。

二、把握语言翻译的过程

翻译过程是一项非常复杂的过程,而且是一项复杂的心理过程,其工作的重心不仅仅是研究如何在兼顾原文思想的前提下传达原文的意义。这一过程包括四个关联阶段,即阅读、理解、表达与校改。

(一)第一阶段:阅读

阅读是指从书面材料中获取信息的过程。获取信息不等于我们理解了信息,所以要注意把阅读和理解区分开来。英语考试中有一种题型叫"阅读理解"而不叫"阅读",正是这个意思。我们必须明白,译者在翻译前所进行的阅读和普通的阅读是不一样的。当我们拿到待翻译的文献资料时,首先必须通篇阅读需要翻译的文献,并对其进行分析,领会其内容大意。只有对翻译的文献内容了然于胸,才能正确把握宏观的语境，从而在大的语境之下将每个句子的意思正确解读出来。例如：

In 1737, when Peter Jefferson was 30 years old, he and his friend William Randolph traveled up the James River and followed a branch of it...in the middle of all this work. Peter Jefferson fell in love with Jane Randolph, a 19-year-old cousin of William's and in 1739 married her.

本段中的 cousin 一词在汉语里有表（堂）兄弟，表（堂）兄妹的意思。而此时 cousin of William's 具体要表达什么意思也必须依赖语境。此段落中 William 与 Jane 同姓，排除了"表姐妹"的可能。再从年龄上推断，可以有把握地将其译成"威廉的堂妹"。因此，在翻译的过程中，首先应该明白，阅读是翻译的第一步，但只阅读不理解，也同样无法完成整个翻译过程。

（二）第二阶段：理解

所谓理解，就是通过揭露事物与事物之间存在的某些联系，并对这些新产生的事物进行分析与认识的过程。就翻译层面而言，理解就是译者在认识与了解原作的基础上，运用英汉两种语言中的某些词汇、语法等知识，明确原作的内容与风格的过程。一般来说，要做到如下两点。

1. 理解要准确透彻

理解是翻译活动的基础，没有正确的理解，就不可能产生正确的译文。无论英语还是汉语，每篇文章都有一个总体构思，文章中词句的含义都与整体内容密切相关。所以，理解原文首先要通读全文，领略整个篇章的大意以及篇章结构，而不是拿到文章就开始一字一句翻译。在对全文有了大致的了解之后，再着重理解一些比较难的句子或段落，其包括仔细推敲词义、分析语法、明晰各分句之间的关系。正确的理解不能仅停留在表面，而要由表及里，也就是说，要通过观察事物的现象来抓住事物的本质。一种语言想要表达一种思想总要使用一些词语、采取某种表现手段。理解不能仅看字面，有时，字面看上去是一个意思，而实际上指的却是另一种意思。译者若看不出它的内在含义（暗含意义或弦外之音），读者就更无法懂得译文的真正含义了。例如：

It seems to me what is sauce for the goose is sauce for the gander.

译文 1：我觉得煮雌鹅用什么调料，煮雄鹅也要用什么调料。

译文 2：我认为应该一视同仁。

如译者不懂这个例子内在含义，很可能译成译文 1，这样读者就会感到莫名其妙，不知所云。译者若能透过表层理解深层意义，就可能译成译文 2，从而把原意清楚准确地表达出来。

2. 理解要靠上下文

只有对上下文进行认真的阅读，才能够对语言理解得更为清晰与透彻。从语言学角度来说，孤立的单词、短语一般很难猜测出其隐含的意义，这就需要将这些孤立的单词、短语等放在具体的语境中，这样才能让读者明确其真正的含义。

也就是说，理解主要通过上下文来获得，译者通过该词、该短语所在的上下文，探求其真实的意义。当然，这里的上下文可能指代一个句子，也有可能指代的一个段落，甚至还可能指代一本书等。在翻译过程中，对原文能够透彻理解是非常重要的，为了对其能够理解透彻，就必须注意其语言现象，理解原作与上下文之间存在的逻辑关系，并分析其产生的背景等。例如：

They were Zhou's welcoming party.

单从这一句话中，就很难把握这句话的意义，因为不知道 they 所指什么，Zhou 又是谁，还有 welcoming party 是否指欢迎宴会。

（三）第三阶段：表达

在翻译过程中，表达这一环节也非常重要，是上一阶段（理解）的体现，也是理解的结果。表达不仅要将综合因素考虑进去，还需要将艺术因素考虑进去，因此要求表达具有创造性。

在翻译时，译者需要从原作品出发，摆脱其束缚，发挥出译作的长处和优点，展现原作的深层内涵。也就是说，在进行表达的时候，需要从整体上分析原作并展现原作。例如：

Henry Kissinger had slept there before, in July and against in October.

译文1：在此之前，亨利·基辛格曾经两度在这里下榻，一次是7月，另一次是10月。

译文2：这之前，亨利·基辛格在7月和10月两次在这里过夜。

译文3：7月和10月，亨利·基辛格曾经两次在这里睡觉。

本例中，Henry Kissinger 指美国前国务卿亨利·基辛格，使用的是比较正式的语体。因此，在翻译时不仅需要将语义表达出来，还需要将原作的正式风格展现出来。上述三个译文都很好地将原作的语义传达了出来，也保证了表达的顺畅性，但是在表达形式层面却存在明显的差异。译文1的语体风格较为正式，而译文2位于正式与非正式之间，译文3偏向于口语。所以显然，译文1要明显好于译文2和译文3。

（四）第四阶段：修改、审校

所谓修改，指的是对译作进行修正与加工，其主要涉及两项内容：第一，对译作进行全面修正；第二，对译作中的某些词汇、句子、短语等进行修正。

①与原作对照，逐句逐段修改，具体展开如下。

其一，确保传达原作的思想与内容。

其二，确保译文表达通顺。

其三，确保译文中不存在差错。

其四，确保译文的风格与原作相符合。

②脱离原作之后，对译文进行反复的阅读，如有错误，进行修改，具体展开如下。

其一，明确译文用词具有恰当性。

其二，明确译文衔接得当。

其三，明确译文不存在重复与矛盾的地方。

其四，明确译文不存在逻辑不通顺的地方。

所谓审校，是对译文做最后查验，具体展开如下。

①审校译文中的词汇、句子等是否存在纰漏。

②审校译文中的方位、人名、地名、数字等情况是否存在错漏的地方。

③审校译文中的术语是否存在不一致的地方。
④审校译文中的标点是否有错误的地方。
⑤审校译文中注释是否有不妥当的地方。

三、进行文化对比

由于教学环境的影响，英语文化的渗透还需要依赖翻译技能教学，其中文化对比分析是一种比较重要的方式。具体来说，在翻译技能教学中，教师不仅要讲解教材中的文化背景知识，还需要对文章中的中西文化进行对比与拓展，帮助学生在翻译内容时接受文化知识。另外，利用文化对比分析，学生能够建构完整的文化体系。

四、应用图式理论

图式（schema）源于认知心理学。1781年，图式概念由德国哲学家康德（Kant）在其著作《纯推理批评》（*Critique of Pure Reason*）中首先提出，他认为图式就是纯粹先验想象力的产物或者说是学习者以往习得的知识结构，并指出"新的概念只有同人们已知的知识建立关系，才会变得有意义"。

（一）语言图式与翻译

语言图式是指人们对语言的掌握，包括词汇、句法、习惯用语、语法等方面的语言知识。当原语图式与目的语或译语图式一致时，图式的空位很容易被激活、恢复、填补和关联。具体在英语中，体现为对术语、句式特点、表达规范的互相关联。例如：

This bill of exchange shall be accepted first and then can be honored by the acceptor.

该汇票应先承兑，然后由承兑方进行支付。

accept 和 honor 通常表示"接受"和"荣誉、尊敬"，但是在例句中，分别表示"兑现、承付"和"支付"的意思。原语与译语的图式相互作用，形成正确的概念，为翻译的顺利进行奠定了基础。

(二)内容图式与翻译

内容图式是以文本内容以外的语言知识、背景知识推理及互动为主要内容建立起来的各种内容的知识记忆。译者通过对原语文本内容的了解和熟悉,调动现存的知识,填补图式空缺,顺利理解全文并给出合适的译文。例如:

Stocks, held by the buyers, may be in two forms. One is called Common Stock that is, suitable for all corporations because its holders will have the ownership of the corporations profit and the interest produced by its assets, the right to vote for its board of directors and the right of asset distribution in case of its bankruptcy.[①]

译文:持股人手中的股票一般有两种形式,其中一种是普通股,适用于所有公司。普通股股东对企业的利润和资产所产生的利息拥有占有权,并拥有对股份公司董事会的选举权和公司破产后资产的分配权。

例句中的专业性强,译者需要调动原本存在的关于股票方面的相关知识,或者补充原本不存在的缺省信息,正确理解之后,给出正确的翻译。这就需要译者充实自身的内容图式,掌握专业词语和社会意义以及语用规则。

(三)形式图式与翻译

形式图式又称结构图式,是语篇的宏观结构,即语篇知识,对文章脉络的宏观把握。如企业文化的介绍,汉语语篇较为夸张、笼统和抽象,用词华丽,引经据典,修辞使用痕迹浓重;英语语篇则以信息和呼唤功能为主,提供客观依据引起目的语读者的积极回应。译者在英译或汉译时就要根据两类篇章特色,给予适当的处理。

(四)语境图式与翻译

顾名思义,语境图式指的是语言的使用环境,即对话语含义产生影响的各种语言成分的前后逻辑联系和各种主客观环境因素。语境决定词义、语言色彩和用法。英译不仅涉及语码转换,还要依据动态的语境进行动态的推理。因此,译者除了要解决文本中的语言问题,还要高度重视文本中的语境问题。

---

① 吴竞:《图式理论在商务英语翻译过程中的运用》,《科技信息》2012年第7期,第35、38页。

例 1：Once the jewels were safely locked up in the bank he had no more anxieties about their security.

例 2：Treasury securities are revalued daily.

例 1 和例 2 中同时出现了 security 一词，根据上下文提供的词语语境，例 1 中 security 的含义为"安全"，而在例 2 中的含义为"债券、证券"，属于专业术语。

（五）文体图式与翻译

文体图式是指文本的文体风格。所谓翻译的第一条原则"忠实"，就是要在内容、感情色彩、文体风格上做到忠实于原文。文体具有多样性，如信函简洁、礼貌、正式；合同措辞严密、句式精练紧凑、文体正式庄重，体现其严肃性和约束力。译者在翻译时要把握各个文本的文体特点，进行恰当的处理。例如：

That I hold the said shares and all dividends and interest accrued or to accrue upon the same UPON TRUST for the Beneficial Owner and I agree to transfer, pay and deal with the said shares.

本人因持有上述之股份，而所获得的股息及权益等，本人同意转让、支付及处理上述之股份。[①]

此句为合同文体，因此在处理 the said shares 和"I"时，要符合合同文体特点，不能简单地处理为"上面提及的股份"和"我"，而应该处理成"上述之股份"和"本人"，这样才符合中文的表达习惯和文体风格。

（六）文化图式与翻译

文化图式是指关于文化的知识结构，是人类通过已存的经验对文化的知识组织模式。文化的不同带来思维的差异，译者需要激活异质文化和本土文化的图式，确保对原语文本的正确解码。在广告中关于商标名称的翻译，如果不能很好地处理两种异质文化图式，很容易引起误解甚至是经济损失。如某童鞋的商标名称为"小白象"，"小"凸显商品为儿童用品，可爱小巧；"白象"除了用动物化方式贴近儿童消费者以外，凸显的是商品的耐久力以及使用商品后的运动力。在西方文

---

① 夏兴宜：《运用图式理论提高商务英语翻译的水平》，《科教文汇（中旬刊）》2011 年第 1 期，第 130—131 页。

化中，白象的含义为"大而无用的东西"，不管是从体积上还是心理上都没有凸显童鞋的特色，因此在处理成英文时，与其译成"Little White Elephant"，不如调动和激活译文读者已存的文化图式，或建立、修正、改变现存图式，正确理解、传达信息，译成 Pet F Elephant，这样既避免了译语中的消极文化图式，又传递出了社会语用含义。

五、使用语言翻译的技巧

（一）词汇翻译技巧

1. 词义的选择

在词汇翻译中，一词多义现象非常突出，对这些多义词进行翻译时，必须考虑上下文语境，选择与上下文相匹配的含义。例如：

figure 作为动词，意思为计算、描绘；

figure 作为名词，意思为数据、图像、人物等。

He got a figure in math text.

他在数学测试中得了高分。

Can you figure out our tourist cost?

你可以算一下我们的旅游费用吗？

另外，英语中还有一些词汇涉及专业知识或者背景知识，这时候就需要了解具体的英语环境。例如：

We will go there to tea.

我们将要去那里吃茶点。

在这里，tea 可以与我们的茶相当，但有时候指的是下午茶，即包含面包、黄油等在内的点心，因此这里译为吃茶点更妥当。

2. 词类转换

在英汉翻译中，除了英汉对译，有时候还需要进行词类的转换，这样才能保证句子更为通顺。一般来说，转译的情况有如下几类。

第一，英语中很多名词源自动词加后缀，这些词本身具有较强的动作性，因此在翻译时可以将其转译为动词。例如：

There can be a product of the quiet hour.

这里可以造就出文化程度高的新人。

在这里，product 原句中为名词，但是翻译为"造就出"，就是将其转译成了动词。

第二，英语中的介词是较为活跃的词，如果介词与名词构成介词短语的时候，往往表达的是一种方式或者状态，因此在翻译时往往转译成动宾结构。例如：

Tom had always liked her in red.

汤姆总是喜欢她穿红色衣服。

在这里，in red 本身是介词短语，但翻译时翻译成"穿红色衣服"，属于动宾结构。

3. 增词法

根据英汉不同的表达，如果不影响原文的意义，可以增加一些词，使表达更为完整。例如：

It proved an awkward journey：a train to...

去那里真的挺麻烦的：先乘火车去……

在这里，train 翻译成了"乘火车"，添加了动词。

He went to the desk with a yoyo.

他走到桌子旁边，带回来一只游游玩具。

在这里，yoyo 如果直接翻译为"游游"，可能很多人并不明白，所以后面增加了"玩具"一词，意思显而易见。

4. 减词法

在英语中，人称代词充当主语、宾语等成分，但是这与汉语的习惯并不相同，因此翻译成汉语之后，往往会省略掉这些人称代词。例如：

Please open the letter and read it to me.

请把这封信打开，念给我听。

在这里，并没有翻译成"把它念给我听"，会显得累赘，因此直接舍弃掉了。

（二）句子翻译技巧

1. 长句翻译

在英语中，有很多比较复杂的长句，这时候可以对语序或者长度来进行调整和转换。在转换时，为了对原文的信息与主旨进行再现，应该将结构与内容整理清晰，然后发挥汉语句式多样的优势，尽可能简短与灵活。例如：

The battle-scarred old communists who once made stormy revolution unfurled the people of the world a passionate blueprint today for a modern, peaceful and prosperous China.

曾进行过暴风骤雨般革命、身上有战争伤疤的老共产党人，今天向世人展示了一幅要建设一个和平、繁荣的现代中国的充满激情的蓝图。

在这句话中，译者改变了语言顺序，将英语句子中的后置定语信息前提，然后再将主谓结构以及其他信息表达出来。

That is why we think that even the independent African countries are already qualified to have international relations.

我们认为即使是非洲的独立国家也已经有资格同国际发生关系，道理就在于此。

这句话看起来非常简单，但是使用了拆译的技巧，因为表语比较长，翻译成汉语后很难让中国读者习惯。但是显然，拆译后的句子显得更加顺畅。

2. 被动句翻译

在英语中，被动句非常常见，汉语中则并非如此，因此在翻译时需要按照汉语的表达习惯来翻译。例如：

Tom was dismissed by the factory.

汤姆被厂子开除了。

The sense of inferiority has never been totally eradicated.

这种自卑感从未完全消除。

显然，上述两个例句中，第一个句子直接翻译成被动句更合适，而第二个句子就没必要翻译成被动句。

(三)语篇翻译技巧

1. 调整信息结构

语篇属于一个语义单位,其最基本的标准就是信息性。英汉两种语言在处理语篇信息时存在差异,在句法的语序安排上存在明显的差异,因此需要对其进行调整,这样才能保证语篇的连贯。例如:

① The economic devastation ② across the country is imperiling ③ many of India's aspirations. ④ The Indian economy has shrunk faster ⑤ than any other major nation's. ⑥ As many as 200 million people could slip back into poverty, ⑦ according to some estimates.

①全国范围内的②正在经济重创危及③印度的很多远大目标。④与任何其他主要国家相比,⑤印度经济萎缩的速度都要快得多。⑥据估计,⑦有2亿多的民众可能会重新陷入贫困。

显然,在进行翻译时,对原作的篇章结构进行了信息调整。在词组上,汉语的强势语序是"定语+中心词",但是英语原句是中介词短语置于中心词之后充当定语结构,这就是①与②进行互换的原因。信息③虽然没有改变位置,但是在内部的信息排列上进行了改变。④⑤与⑥⑦两组信息进行颠倒,都将状语置于主句之前。

2. 注重逻辑关系与语义隐现

语篇并不是把各个句子叠加起来,如果没有逻辑关系,那么即便是再多的句子,也无法传达意义,也无法构成语篇。同时,语篇还需要语境的存在,语境是对信息的补充。例如:

① Fearing they would starve to death in city slums, ② millions poured out of the urban centers and walked, rode bicycles or hitched desperaterides back to ③ their villages. ④ That dragged coronavirus into every corner of this country of 1.3 billion people.

①(因为)担心自己会在城区贫民窟里饿死,②数百万人从各个市中心涌出,或步行,或骑车,或者好不容易搭上车,回到了③各自的村庄。④这样的逃离使得新冠病毒在这个有着13亿人口的国家里蔓延开来,影响了每一个角落。

在英语中,分词结构可以作为主语的状语出现,表达一种方式、原因等。在例子中，信息①采用的现在分词形式表达原因，而翻译成了"因为"，如果省略掉，其实也是没有影响的。信息②是数词，在英语中可以单独使用，但是句子中并未出现与 people 相关的概念词，因此在翻译时翻译成了"数百万"这一概念词。③中是一个群体性概念，翻译成了"各自的"，实现了语篇的连贯。④是对前面描述事件的指代，是重要的衔接手段，因此翻译时增加了"这样的逃离"，体现了连贯性。

六、利用多媒体辅助翻译技能教学

（一）制作个性化的翻译技能教学视频

在实施教学时，教师可以提前为学生制作视频，将教学内容进行模块化处理，每一个视频是围绕某一知识点展开的，如翻译理论、翻译技巧等。同时，在制作视频的时候，应该突出重难点，明确教学目标，为线上、线下教学做准备。此外，教师还需要考虑翻译技能教学的连贯性，为了实现整体的教学目标努力。

在课堂开始之前，教师制作视频，设置教学任务，并将其发布到网络平台上供学生阅读和观看，对学生提出的问题加以汇总与解决。在课堂上，教师对视频中的技巧与理论加以梳理。组织学生进行协作学习，实现知识的真正内化。在课后，教师还可以组织学生撰写翻译笔记，从中了解学生是针对哪些问题存在疑惑的，进而对自己的教学方案加以调整。

（二）利用多媒体展开翻译课堂教学，增加英语习得

在翻译技能教学中，教师可以辅以多媒体光盘展开教学。但是，由于各个学校的多媒体设备配置存在差异，并且很多配套光盘的内容系统性不强，教师需要斟酌才能使用，因此，最好的方式就是教师根据教学内容自己进行课件制作，然后展示给学生。这样的课件对于学生翻译能力的提升也是大有裨益的，可以促进不同层次的学生的翻译能力的提升。

第九章 大学英语教学评价的理论建构

大学英语教学评价主要评判的是教师的教学工作与学生的学习情况，在教学中有着非常重要的作用。大学英语教学评价可以为教师与学生提供反馈信息，便于教师改进自身的教学策略，恰当地指导学生的学习，也有助于学生审视自己的学习情况，对学习做出合理规划。因此，本章作为最后一章，有必要探讨一下大学英语教学评价的理论。

第一节 大学英语教学评价简述

一、厘清评价、评估与测试的区别

对于评价，很多人会联想到测试、评估，认为三者是同一概念。但是仔细分析，三者是存在一定区别的。简单来说，测试为评价、评估提供依据，评估为评价提供依据，评价是对教学效果的综合评估。三者的关系如图9-1-1所示。

如图9-1-1所示，评价与测试、评估关系非常密切，但是也不乏区

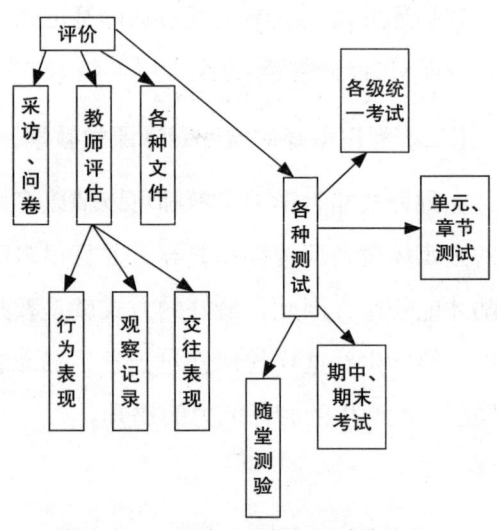

图9-1-1 评价、评估与测试的关系

（资料来源：黎茂昌、潘景丽，2011）

别的存在。具体来说，可以从如下三点理解。

从目标层面来说，测试的目的在于让教师、家长得到满足，让他们清楚自己的学生、自己的孩子在学校的表现。当今社会，测试仍旧占据第一位，并且测试也为教师、家长提供了很多孩子的学习信息，也能够让学生明白自己的学习情况。评估是通过学生在学习中的表现，为教师、学生提供依据，如学生在学习中会遇到什么问题等，这样教师可以根据学生的情况对自己的教学进行改进，学生可以根据自己的情况对自己的学习重点进行调整。评价便于行政部门对教学展开合理的配置。显然，三者有着不同的作用。

就数据信息而言，测试主要收集的是学生试卷的信息，也是学生语言水平的反映，但是试卷无法评估学生的语言运用能力。评估可以划分为终结性评估与形成性评估两类，终结性评估简单来说就是测试，而形成性评估主要是学生学习的过程。评价往往是从测试、问卷、访谈等多个层面来说的，属于一种综合性评估。

二、明确新时代大学英语教学评价的变化

在当前的大学英语教学中，评价问题一直是一个"瓶颈"问题。自从2001年推进教学改革，英语教学评价就成为热点问题之一，很多教师开始接受新的评价观念，凸显评价的发展性功能，并从评价内容、评价标准、评价方法等多个层面对其展开探究。就整体而言，大学英语教学评价呈现如下几点趋势。

（一）英语形成性评价正被英语教师认识、接受并付诸实施

在当前的大学英语教学评价中，形成性评价占据重要层面，并在我国已经非常常见。由于受到应试教育等因素的影响，我国很多教师对于形成性评价的认识不到位。但是，随着英语教学的不断改革，形成性评价已经被很多教师认识，并逐渐实施起来。

英语形成性评价分为测试型评价与非测试型评价两大类。很多高校开发了这两种形成性评价，从而关注学生的日常英语学习情况。当前，对于这两类评价，主要采用评价表、问卷、成长记录袋等多种形式。

（二）英语口语测试得到重视

在一些地区的英语考试中，已经增设了口语测试，更多的地区、学校已经把口语测试列为考试的一个重要内容。没有口试的英语测试是不完整的。《英语课程标准》对学生听的能力有明确的要求。既然有要求，就必然会有相应的检测。

英语口语测试命题要坚持同步性、交际性、趣味性和激励性的原则。这里激励性原则非常重要。口试与笔试不同，它的评分主观性、随意性较大，要想取得绝对准确的结果是很难的。因此，在高考、中考以外的口语测试中我们不要过分强调甄别性，而要突出激励性。这就是以鼓励学生运用英语为出发点，在一定行政区域内推行的口试不强求各校之间进行成绩比较。把测试学生口语能力与考查学生的学习态度及学习潜质结合起来，使学生对口试不望而生畏。通过口试调动学生的学习积极性是最大的收获，我们寻求的合理的、相对准确的评分标准也会在这种和谐的气氛中得到认同。

通过人机对话实行口试，是口试数字化的一种尝试。例如，在深圳等地，英语口试就实行了人机对话。比如，在深圳市南山区的期末考试中，引进了国外T-Best任务型口试软件，通过人机对话进行口试。这种口试形式优点是时间、人力上都很经济，标准更趋接近，其缺点是人文性较差。但从口试形式上，与我们原来的形式可以形成互补关系。

（三）学业考试命题改革全面启动

自大学英语课程改革以来，各地对于学业考试命题都非常注重。其主要呈现了如下几点走向。

第一，将纯知识的考试比例降低。

第二，注重语言运用能力的考查。

第三，强调考试题目与实际生活紧密关联。

第四，在设计试卷的时候应该体现人文关怀。

（四）课堂教学评价关注点发生变化

英语课堂教学过程是一个师生进步与发展的过程。在课堂教学评价中，过程与学生应该是两个关键词。而在传统的课堂教学评价中，人们对于教师的"教"

过分关注，注重课堂知识是否传达，甚至通过考试成绩来评判教师的课堂教学效果。但是，在课程改革环境下，各地开始探寻新的评价标准，甚至出台了一些基本的方案，以推进课堂教学。一般来说，在新理念下，大学英语课程评价需要注意如下几个层面。

第一，大学英语教学目标需要与课程改革三维目标相符。

第二，大学英语教学方法的选择需要与学生的发展相符。

第三，大学英语教学中评价应该体现学生的主体性特点。

第四，大学英语课堂教学中是否应用了恰当的评价手段。

（五）英语教学管理的评价已经起步

目前，国内对英语教学管理的评价论述不多。已经有不少英语教研员、英语教师开始关注英语教学管理的评价问题。学校对英语教学的管理在很大程度上制约着学校英语教学水平的发展。多年来，我们只关注课堂教学评价、学业评价，而忽视了对管理者管理英语教学的方式、水平等进行评价，这是我们在讨论英语教学评价时必须面对的问题。这些年来，我们把英语教学管理评价作为英语教学评价的内容之一进行研究，并有所心得。这里所说的英语教学管理包括英语课程设置、英语校本教研、英语校本课程、英语教研组工作、英语模块教学等。例如，对英语校本课程的开设，我们就从课程开设的原则、开发类型与过程、课程特点及课程管理几方面进行评价。

三、大学英语教学评价的原则

（一）发展性原则

1. 用发展的观点看待学生

树立符合学生认知规律的"发展观"。从受教育者的认知发展规律出发，用发展的观点看待学生，用发展的观点衡量和要求学生，所有的教育教学活动都是为了学生的健康发展。

用发展的观点对待每一个孩子，就必须关注学生的进步，就必须研究学生心理。我们一定要承认学习外语的个体差异，在外语学习上连性别都有差别，作为外语教师绝不能把这些正常的现象当作智商问题，应该认识到这主要是情商的问题。那么，我们应该态度好一点，多一点笑容，多一分宽容，特别是对待学习暂时有困难的学生，不埋怨，不让其在骂声中成长，要让他们在学习活动中有安全感和成就感。放松心理是刺激语言发展的关键，了解这些，教师找到对策是不难的。

2. 关注学生心理的发展

教学是心理活动和心理发展统一的过程，教学群体的社会活动不仅是个体心理活动，还是心理活动和心理发展统一的过程。苏联心理学家鲁宾斯坦认为在人的活动中形成的精神发展，人的能力在完成自己的活动中被发展着。活动使主体与客体、主观与客观、内部与外部相互作用、相互转化，学生的知识、能力、情感、思维方式等不是由教师赠送的，而是学生靠自己的活动、自己的劳动获得的。

3. 强调学生课堂表达行为

围绕每个单元的教学内容确定学生的课堂行为，以学生学习行为的充分表达作为教师教学行为转变的逻辑起点，"行为结构"旨在为学生学习提供从知识到技能形成的"过程"。我们开展的一系列教学质效评价活动重在评价学生的课堂作为，促进其转变学习方式。倡导对以技能训练为目的的"教学行为结构"恰好为学生提供了语言表达的平台。

（二）人本性原则

树立以学生为主体，以"学"为中心的"主体观"。学生不仅是教育教学的主体，而且是具有能动性的主体，学生在学习过程中是信息加工的主体，只有抓住"学"这个中心，才能完成"教是为了学""学会是为了会学"的转化过程。

树立符合社会发展需要的"人才观"。培养符合社会发展需求的合格人才是教育的根本目的。应树立以符合社会发展需要，符合学生个性发展，并使二者形成最佳结合的人才观。个性 (personality) 一词，是指个人独特的性格和行为品质的总和。从研究个性的角度来探寻学生英语学习方式的变革是推进英语教育质量适应多元化社会发展的根本出路。从促进学生学习方式的变革中闯出英语教学的新路子是面对未来，主动、系统的回应。发展和完善人的个性已成为全球性的教育追求，倡导"以人为本"的英语教育更突出了新时代教育个性化的特点。素质教育具有非均衡发展的特点，一味追求每个人的素质均衡发展不仅违背教育规律，而且不可能有效地促进学生健康成长，更不可能培养出有个性、有创造力、多样化的人才。我们的教育必须尊重个性的存在，英语教育的特殊性决定了促进英语学习方式的变革必须顺应个性发展的特点。

1. 创设"需要"的环境

突出工具性就要创设需要用语言做事情的环境，让学生在使用语言的环境中感到需要掌握哪些词汇和语言结构才能完成任务。需要产生动机，有需要就会主动。教师在语言教学中应有意设置一定程度的障碍，如要完成某个功能，我还需要什么？如何获得？让学生把学习每一个语言内容都看成为了某种表达和展示的需要，一旦突破障碍，获得成功，便其乐无穷。

语言学习的需要与个性品质、人格品质都有很大关系。应根据不同学习者的潜质给予不同需要的感悟，设置不同的障碍，提供不同的舞台，特别在学生语言活动中给予个性化的指导和关怀。把需要与学生主体性发展结合起来，是教师教学水平发展的一个较高境界。

2. 捕捉良好的学习状态

学生学习英语时，对语言材料的理解反映了个体的综合素质。不同的学生有不同的理解，不可能只有唯一的标准，个性化的语言表达特点尤为明显。为此，在课堂上，要捕捉和保持学生良好的学习状态必须从关注个体开始，教师一定要利用各种反馈来确定学生个体的状况，并调整好自己的教学。但反馈值必须由反馈面和反馈质来确定，不能只以几个优等生的回答来确定，也不能以低质量的检测来确定。

3. 统一之中的个别指导

学生群体中的智力差异并不大，这给统一要求奠定了基础，但智能类型却能直接影响个体的发展。在大班教学的现实中，教师面临的问题就是统一要求和个别指导的矛盾。分层教学力图解决这一问题，但仅以学业成绩来分层次是否科学却是一个问题，如能研究学生属于哪种智能类型；在语言学习中，某种类型适合从什么方面找到最佳切入点，或可以从哪些方面让该种类型的人最易获得成功感，这样可能会找到治本的出路。在统一之中给予不同个性的个别关注和指导，在语言实践中让每个人有事做,都有获得成功的机会,特别是对自信心不足的人,教师应给予独特的关怀,把成功的体验让给这些孩子。可能教师会辛苦一些,但让学生消除厌学心理,使每个学生都得到发展,才是教师的真正价值体现。

4. 公平对待每一名学生

英语课上常常可以发现,虽然许多课堂活动设计精良,但真正参与进去的仅有少部分人。在英语课堂上还有相当多的教师习惯用个别提问的方式,举手的优秀学生可能获得多次机会,不举手的恰恰是有困难的,而他们可能就没有机会。即便是小组活动,个性不同的学生获得的机会时间也不同。这时教师的组织非常重要。教师的工作方式、公平态度、组织策略等都影响到学生学习状态。

公平就要求教师既懂得活动设计,又善于组织活动,如采用两两对话、两两检查、小组讨论、小组编故事或对话、全班辩论、角色扮演、信息沟通(文字和图片)等方法,效果特别明显,可在有限时间内使全班几十个学生同时受益。这种形式互动范围大,再加上高频率就能为每一个孩子提供学习语言的环境,教师在学生活动中再针对不同个性的潜质,充分发挥其作用,效果就会更好。

(三)科学性原则

1. 语言测试

测试评价是英语课堂教学的重要手段,也是学校英语教学质量监控的、有效的、必不可少的教学环节。而英语语言测试评价又最体现科学性。现在英语测试的水平比以前有很大的提高,主要表现在知识立意向能力立意转变的本质内涵得到了充分的表达。试题以"信息或意义"的表达为测试目的,测试以语篇层次为侧重,试题的情境对语言的制约来自交际情境,答题的过程是学生在不同情境中与自然、环境、人物等不同角色互动的对话过程,考核的焦点在于是否达到交际目的。外语测试对学生获取信息、选择信息、加工信息、创造信息、表达信息、传递信息的能力的展示提供了有效载体。

第一,外语考试考什么。一般人似乎认为课本里讲什么就应该教什么,也就应该考什么。测试对语言知识是重视的,但它看中的是会不会在具体的语境下灵活运用语言知识,重视在真实的情境中考查英语运用能力,通过语篇考查听、说(间接口语)、读、写的技能,通过语言运用考核语言交际能力和最普通的交际行为所必需的对外国文化的了解程度。考查语篇能力贯穿在整个测试中,考听力是在对话和短文中进行的,阅读与完形填空的考核是以短文的形式出现的,写作考查学生的分析、综合、评价的高级技能,考查学生的阅读理解能力,考查分析语篇结构的能力,整体把握篇章的思想脉搏、主旨大意,单项填空也是两句或三句构成的一个语境或情境。高考如此,中考也是如此。

第二,情境提供语言运用的载体。情境决定要表达的意思,要表达的意思决定要说的话的形式,从"交际情境"确定"要表达的意思"再到选择"要用的语言形式",这就是实际运用语言的正常心理过程。听、说、读、写的每一个行为,都以接受、加工、传递信息为目的,这是情境带来的自然制约,是真正的语言"运用"。而课堂上"造句"的心理过程就完全不同。学生先想着 study 这个词,然后再想一个可以出现这个词的句子。学生从"要用的语言形式"确定"要表达的意思",由于是人为地"外加制约",在脱离"交际情境"的情况下,写出来的句子即使语法不错,但心理过程完全违反了实际运用语言的心理过程。这种缺乏交际情境的练习还不能说是"运用"。传统的从语言形式出发的试题,根据要考的词汇和语法去设计试题。很多试题是命题人先决定要用的形式,然后由形式决定要表达的意思,至于交际情境有没有无所谓。这种造句式考试的心理过程完全违反了实际运用语言的心理过程。

2. 教案设计

第一,备课重点。评价的科学性原则要求教案设计必须以设计学生语言操练的活动为主。落实"三维目标"的第一环节就是备课。在日常的外语教学过程中,许多英语课未达到课程标准和教材设计的要求,主要问题是学生语言行为表达不充分,语言运用能力不强。造成这种现象的主要原因是:教师重自己的"教"轻学生的"学",重"内容目标"轻"行为目标",重"知识目标"轻"技能目标",在时间比例分配、学生训练面与频率、操练到交际的练习层次上都无法达到课程标准的要求。按照"英语教学行为结构"指引,可以使备课从教师过分注重自己的"教"转变为自觉关注学生如何"学",这就是备课的重点。

第二,设计活动。英国心理学家 Caleb Gattegno(格特诺)曾说过:"Tell me and I forget. Teach me and I remember. Involve me and I learn."一堂成功的外语课就

是要看教师能否让学生置身于运用语言环境中去。"教学行为结构"要求教师准备一池水,并把每个学生"拉下水"。让学生在语言表达活动中学习,"用语言做事情"是语言交际的真谛所在。

第三,教学反思的参照。按照以上的备课规划和活动设计,课堂教学反思有了明确的科学参照。教学反思是教师与互联网教学共同成长的有效途径,实现理性的自我评价是质量监控体系的重要内容。反思主要是看是否促进了学生积极主动地发展。在互联网背景下,课堂教学反思主要从以下几方面的转变来衡量教学。

①关注内容目标→关注行为目标。
②看教师如何说→看学生如何作为。
③教教材→用教材。
④关注优秀生→关注全体。
⑤个别提问→交际互动、小组讨论、两两对话。
⑥互动频率→互动面。

(四)多元化原则

评价的多样性包括评价主体的多元化、评价方式的多元化和评价内容的多元化。

1. 评价主体的多元化

采用内部评价与外部评价相结合的方式,评价主体主要是学校、教师、学生、家长,同时也包括教育行政部门及其相关机构。按照评价主体构成,教育行政部门对学校英语课程实施进行评价,学校对授课教师教学情况进行评价,教师对学生学习情况进行评价。对学生的评价重点放在学生自我的纵向比较上,把学生的学习态度和进步作为评价的主要标准,真正体现"以生为本"的评价理念。

2. 评价方式的多样化

终结性评价和过程性评价是现在普遍采用的方式,需要指出的是这两种方法应结合起来使用。终结性评价不能只看考试分数,必须由过去单一的考试成绩评价改为多元评价,即参考学生学习表现、作业情况、课堂行为表达、课外活动参与情况、个性发展等多种因素进行综合评价。评价方式的多样化还可以更加开放，除了纸笔、等级的评价方式，学生可以采取各种自己喜欢的形式反映自己的学习成果。

3. 评价内容的多元化

对学生英语听、说、读、写技能的评价，是仅仅在课堂上还是可以更宽泛？这的确是新时期英语教育工作者不能回避的新问题。中国英语教育多年追求的一种社会氛围已经形成。过去大学英语专业的学生才能看到的原版电影，现在可任意欣赏，还有广播、报纸、戏剧等，因此，各类英语活动已经渗透到社会生活的方方面面。而我们今天的教学单一化已经适应不了当今社会的发展，也脱离了学生生活实际，形成了极不相称的反差。如果说英语教学不能只停留在教知识、记结构、背单词的低级阶段，那么，教学评价是否也要改革，以适应社会发展的要求？社会越进步，越迫使我们改进方法，追求新的变革可能是外语教学评价必须思考的新问题。

4. 学生的多元化与学习出口的统一化

学生的多元化是指学习能力、学习风格、思维品质、发展水平、经验积累等方面的差异，就学习外语而言，学生的多元化还表现在家庭背景和文化背景的差异、社会经济差异、方言差异等方面。这些差异对学习英语的影响在学生身上一定会产生不同的反映，而我们的英语教学的唯一出口表现形式就是考试，鲜活的语言在考试中变异，富有个性的语言在考试中变成了统一的试题。为了追求更为有效的教学效果，英语教师必须了解学生存在差异的表现形式，并将这些因素纳入教学评价的考虑范畴。

四、大学英语教学评价的指标

（一）评价指标设计的原则

指标就是能反映评价目标某一本质属性的、具体的、可测的、行为化的评价准则。对英语课堂教学的评价指标设计必须能反映外语教育目标的本质要求。大学英语教学评价的指标设计应采取行为化测量法，即通过学生英语语言行为表现推测内在结构的思想方法。所有指标都是外显的行为，评价就是从外显行为推测其内部结构。这类评价指标设计应遵循以下几个原则。

①有效性原则：所设计的指标能反映目标的本质要求，目标的本质要求能在指标系统中找到。

②可测性原则：不能测量的指标不叫指标，可用经典量度。

③要素性原则：抓住主要因素即可，不需要面面俱到。

（二）教学评价的指标要素

1. 三定二中心

所谓"三定"，指的是教师从教学材料的特点、内容出发，对本次课的达标层次位置进行设定，然后分析各个目标层次可能需要用到的时间，然后考虑课堂评价的内容，对课堂展开定性的评价与分析。

所谓"二中心"，指的是课堂要以学生的活动为主体，同时教学任务主要是培养学生的能力。显然，这一原则是为了真正地适应学习，并且也为学生的学习提供了时间与空间。

2. 知识再现

受当前考试题型的影响，当前的英语教学训练主要是选择题的形式。这样做导致仅仅给学生提供对正确答案进行辨认的过程，是处于智慧技能的初级阶段，对比现代的英语教学来说，是相对比较远的。因此，在课堂训练中，一定要避免这种形式，从多种活动出发考虑，体现出学生以往所学的知识，并能够在具体的实践中运用。因此，在大学英语教学中，教师在日常训练中尽量少用或者不用选择题的形式，否则学生的训练只能获得较低的水平。

3. 全员参与

公开课上，许多外语课堂活动设计精良，但遗憾的是活动面仅局限于小部分人。在一般的英语课堂上还有相当多的教师习惯于以个别提问为主的方式。教师的工作方式、公平态度、组织策略等都影响到学生的学习状态，过程教学要求教师既懂得活动设计，又善于组织活动，如能采用两两对话、两两检查、小组讨论、小组编故事或对话、全班辩论、角色扮演、信息沟通（文字和图片），效果特别明显,从而在5分钟内全班几十个学生同时受益。全员参与是组织课堂活动的重要策略。

4. 目标层次活动定位

各层次活动设计各有要求,设计与目标层次相适应的课堂活动体现了科学性。目标分层多指把一节课分为各目标层次,但也可以把一篇课文的教学分成几个侧重的层次,即在定量时根据进度侧重某几个层次,绝不是一节课只一个层次,原则是每节课至少保证达到第三层次的要求,下节课则侧重第四层次。另外,也可采用一条主线串联层次的策略。

5. 优化配置各类活动

大学英语的课堂有很多的活动,但是当前的课堂活动出现了多而乱的情况,一些本身梯度不够的活动出现在课堂上,或者不同梯度的活动顺序出现了颠倒的情况,这就明显需要对课堂活动进行优化配置。要想对其进行合理的配置,需要做到如下几点:

第一,活动层次梯度应该明显。

第二,梯度要与学生的认知规律相符。

第三,让全体同学都能够参与其中。

第四,要设置多种多样的活动形式。

第五,对活动的时间进行合理的调整与反馈。

五、大学英语课程评价体系的构建

(一)大学英语课程评价的理念

当前,大学英语课程的主流精神在于以学生为本,即以学生为主体,通过将学生的学习积极性调动起来,促进学生主动学习,进而推进学生的全面发展。具体而言,大学英语课程评价需要注意如下几个层面。

1. 主体性

大学英语课程长期存在"费时低效"的情况,其根本原因在于大学英语课程教学过分重视教授,而忽视了学习,对于标准化与一体化教学过分看重,未重视学生的个体化差异。

在新时代，大学英语课程需要考虑学生的情感与认知因素，允许学生对自己的学习内容进行自行选择，可能全部承担或者部分承担自身学习的前期准备、实际学习以及学习效果监控与评价等责任，让学生在学习与评价过程中形成一种监控意识。

2. 交互性

每一名学生都是一个完整的个体，教师与学生的工作目标是不同的，但是彼此之间也不是孤立的状态。教师和学生都是社会互动中的一部分，并且只有融入整个社会体系之中，才能将各自的效能发挥出来。大学英语学习本身属于一种社会性活动，对大学英语教学模式的探索必然与教师、学生相关，并且师生之间的互动也是大学英语课程的核心。师生互动对教学活动的质量起着决定性的作用，并且师生之间的交互模式也对他们各自的角色起着决定性的作用。在这期间，学生从被动的听课角色变成学习活动的计划者、自己学习过程的调控者、自己学习结果的评价者的身份。教师的角色也发生了改变，从之前的知识的播种者转变成课堂活动的组织者、教学活动的研究者、学生学习的指导者。

3. 情感性

外语学习不仅是一个语言认知的过程，还是一个情感交流的过程。当师生围绕着教材展开教学活动的时候，教师、教材与学生之间不仅是在传递信息，还是在交流情感。大学英语课程在高等院校中，被视作传承异域文化价值观念、实践成果等的中介。在大学英语课程发展中，培养积极的情感是非常重要的。在新时代大学英语课程改革中，情感、态度、价值观需要引起教师与其他学者的关注。学生对英语学习的情感不仅能够激发学生学习的兴趣，还能够感受到英语学习的快乐，是一种丰富的内心体验过程。

（二）大学英语课程评价存在的问题

1. 大学英语课程评价的效度很低

在大学英语课程评价中，评价效度低是一个首要的问题。大学英语课程的评价效度是对大学英语课程目标实现程度的测量。一般来说，出现评价效度低的原因有很多，具体分析如下。

第一，很多人混淆了大学英语课程评价与大学英语教学评价。本书将二者区分开来进行分析。并且，很多学校也用教学评价取代课程评价。但是，需要指明的是，所有为实现大学英语教学目标的因素都可以被认为是大学英语课程评价的内容，而教学显然只是其中的一部分。其他因素如教学管理因素、教学组织因素、教师队伍因素等也是其评价的一部分。因此，仅仅从教学评价上去定义课程评价，显然是不准确的。

第二，在教学评价环节，无论是对教师教授的评价，还是对学生学习的评价，由于评价主体的价值取向、主观意识层面的问题，再加上评价工具的局限性，导致评价的效度很低。虽然，形成性评价不断受到人们的证实，但是还未形成一套可靠的模式。并且，学生对教师的评价也被认为是存在很多问题的，很多学生不满意的是评价工具的制定与自己无关，教师怀疑的是学生是否有评价自己教学的能力、是否能够做到公平公正等。

2. 大学英语课程评价的价值功能薄弱

大学英语课程评价的价值主要体现在大学英语课程目标的实现程度上。众所周知，任何一种评价模式都有与之相匹配的评价目标，如 CIPP（决策导向或改良导向评价模式）模式认为评价不应该仅限于实现评价目标，而应该为课程角色提供借鉴。评价的价值取向对于评价结果的运用起着决定性的作用。因此，在考虑"评价到底是什么？""谁可以来进行评价？""如何展开合理有效的评价？"等问题之前，大学英语课程评价主体需要明确为什么要展开评价，即其目标取向到底是什么。大学英语课程评价效度较低恰好反映了教学组织者、教学管理者、教学实施者、教学接受者对大学英语课程评价的主体、载体等层面存在困惑甚至矛盾。

另外，大学英语课程评价的价值功能薄弱还表现在评价反馈机制不健全。对于评价产生的数据，缺乏专业分析，尤其是未从宏观层面进行把控。以学生对教师教授的评价为例，由于学生是评价的主体，教师的教学行为为载体，其评价的目标在于帮助教师改进教学，提升教师的教学质量，更好地满足学生的需求，从而真正实现教学相长。但是在具体的实践过程中，以学评教是很难实现目标的。

因为很多以学评教都是采用了终结性评价的形式,即学生对教师的评价往往发生在课程教学结束之后,教师得到的评价往往通过期末考试展现出来,这对于当前的需求而言比较落后。

另外,以学评教所评价的指标是由教学管理部分制定的,即我们所谓的教务处,并不是由大学英语教学的直接管理部分决定,因此很难将学生的实际需求体现出来,因此导致学生评教的结果大打折扣。

(三)大学英语课程评价体系的构建

1. 明确大学英语课程评价体系的要素

《大学英语教学指南》中指出,大学英语课程建设与评价必须依据《大学英语教学指南》的要求,并从教学作用、教学意义等角度出发,对大学英语的价值功能展开描述,为大学英语课程评价体系构建提供依据和参考。从《大学英语教学指南》中可以看出,大学英语课程评价主要涉及三个层面的问题。

第一,大学英语对于提升学生的语言知识、语言能力、综合语言素质的成效如何?

第二,大学英语课程作为一门公共基础课程,是如何将人才培养作用落到实处的?

第三,大学英语课程从多大程度上为高校的办学目标、人才培养目标服务?

在高等教育中,大学英语课程评价应该将组织领导、条件保障等因素包含在内,因为这些因素同教师的教学类似,对大学英语课程的价值实现起着决定性的作用。虽然评价的维度存在差别,但都是统一于大学英语课程的价值功能实现情况的评价。大学英语课程评价体系要素如表9-1-1所示。

表9-1-1 大学英语课程评价体系要素

评价指标	价值载体	评价维度	评价主体
目标体系	评价指标	各评价主体设定的评价目标的合理性程度 评价目标调整的合理性程度 不同评价主体的评价目标之间的一致性程度	外部为主 内部为辅

续表

评价指标	价值载体	评价维度	评价主体
保障体系	支撑条件	师资准入与选聘、培训、职业规划与发展、教科研能力及成果 教材选用，教学硬、软件设备，专项资金投入 政策支持与改革机制 备课、听课、质量监控、教学大纲修订、教学档案管理等规章制度	外部为主 内部为辅
监控体系	质量检测	教师的教学效果 学生的学习效果	外部为主 内部为辅
反馈体系	持续改进	评价数据和资料的分析 评价结果的利用	外部为主 内部为辅

（资料来源：周家春，2018）

就评价范围来说，评价指标对大学英语课程评价的效度起着决定性的作用。就内容说来，价值载体对单向维度评价效果起着决定性的作用。就评价主体来看，具体的评价都需要内部评价主体、外部评价主体根据主次形式进行参照。一般来说，个人（教师、学生）、组织（教学委员会、教学督导、教务处等）属于学校内部评价主体。由于教师与学生既有评价主体的身份，又有价值载体的身份，并且评价结果直接关系到双方的利益，因此必然会产生消极现象。在组织主体上，由于评价与自身工作成效相关，如果评价制度缺乏保障，评价主体没有积极性，那么评价能力、评价意识等也会出现明显的缺失。

另外，评价主体的目标往往在教学过程的各个环节都存在，但是对于其他指标评价，明显缺乏主体意识。这样就导致大学英语课程评价是狭义的评价手段，是对教学进行的评价，而不是对整个课程的评价。因此，大学英语课程评价体系的建立，需要考虑两个层面。

第一，要将评价主体的积极性调动起来，培养他们的评判能力。

第二，将外部评价主体适时引入，如第三方评价机构等。

2. 完善大学英语课程评价体系的运行机制

完善大学英语课程评价体系的运行机制，是将各个要素间的关系、各个要素间的制约因素明确的重要层面，是大学英语课程评价体系调节的过程，具体如图9-1-2所示。大学英语课程评价体系的运行机制可以使评价活动更为有序，并且能够将内在活力与应变能力予以加强。图9-1-2表明了大学英语课程评价体系的改革要素之间的关系脉络，但是大学英语课程评价体系的运行机制的发挥，需要将行政—计划、监督—服务、指导—服务等各个层面综合运用，实现各个要素之间的协调。

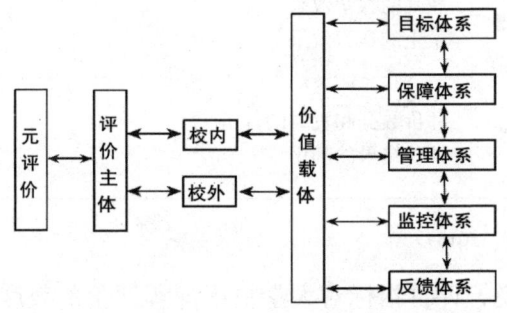

图 9-1-2　大学英语评价体系运行机制

（资料来源：周家春，2018）

第二节　大学英语教学评价的必要性

一、对教师而言

对于教师来说，教学评价有助于克服教学的盲目性，提升教师教学的效果与科学性，从而减少一些无效的教学行为，不断提升教师的教学质量。总体而言，主要涉及如下几点。

（一）拉近师生距离，优化教学环境

教学评价能够使教师与学生之间的距离拉近，消除教师与学生之间的隔阂，对教学环境进行优化。因为在教学评价中，教师会让学生主动发表自己的观点和

看法，这样教师与学生之间就可以就这些问题展开交流，这样也便于彼此了解，改善紧张的师生关系。

另外，教师与学生改善彼此之间的关系有助于促进他们之间的支持与鼓励，构建一个和谐的教学环境，这样的教学环境也便于学生消除不必要的紧张气氛，激发他们学习的积极性与主动性。

（二）及时获取反馈信息，适时调整教学计划

在大学英语课堂教学中，及时进行反馈对于教师来说有着非常重要的意义。比如，当教师讲授完一个语法点之后，教师可以观察学生的表情，这可以给教师提供反馈，如果大部分学生听完之后都比较淡定，那么说明他们对教师讲授的内容已经听懂并掌握了，如果大部分学生听完之后表情比较凝重，那么说明他们对教师讲述的知识并不理解。

再如，学生在进行练习的时候出现的正误情况，也会为教师提供反馈。如果大部分学生的正确率较高，那么说明大部分学生对教师所讲授的内容理解了；如果很多学生对某一道题或者某些题目出现了很高的错误率，那么就说明他们并没有很好地掌握教师讲授的内容，这时候教师需要重新进行讲解。

因此，及时地进行反馈对于教师而言有着重要的作用。根据反馈的信息，教师可以对自己的教学技术、教学活动等进行重新规划与设计，从而提高自身教学的效果和质量。

（三）为教师科学研究提供材料

教师的工作不仅是要认认真真地完成自身的教学任务，还要在课下进行教学研究。如果教师只教学而不研究，那么教师的教学工作就没有了根基，就很难向前推进自身的教学。

教学评价是教师展开研究、不断提升自我的渠道与突破口，通过对自身的教学进行评价，教师了解自身的教学情况，从而积累大量的经验用于研究，为下一轮的工作做指导。

（四）充实教学经验，增强教学技艺

教师的教学行为、教学意识等直接影响着他们的教学水平与教学质量。越是有效的教学行为，教学水平与质量就越好。但是，如果想让自己的教学行为变得更为有效，减少无效的教学行为，教师首先就需要具备较丰富的教学经验与手段，而教学评价恰好能够提升与丰富教师的教学经验与手段。例如，通过学生对教师的评价，教师可以发现教学中存在的不足，对教学中的重要性与非重要性进行明确，从各个层面吸取经验，从而提升自己的教学水平。

二、对学生而言

对于学生来说，有助于学生对自己的学习过程有明确的了解，并发现自身存在的不足之处，对自己的学习情况加以改进，使学习进步。具体来说，可以总结为如下几点。

（一）了解学习过程，积极主动学习

学生在进行学习的时候，往往会集中自己的注意力在学习的结果上，而忽视学习过程。实际上，学习过程要远远重要于学习结果。无论是什么事情，如果没有经过过程，就谈不上有结果，也就是说过程决定着结果。在英语学习中也是这样。学习过程的完善有助于获得良好的学习结果。当然，这就需要教学评价的帮助，教学评价可以帮助学生集中自己的注意力在学习过程上，引导学生了解自身的学习过程。一旦他们对自身的学习过程有了清楚的了解，那么他们就会积极地改善自己的学习，对自己的学习过程加以监控。

（二）发现自己的不足，及时进行改进

通过教学评价，学生可以发现自身存在的缺点和不足，充分对自己的学习情况加以分析，对学习策略与计划进行调整，努力克服自身的缺点和不足，提升自身的学习效率和水平，使自己成为一名真正的学习者。

（三）了解自己的进步，获得成就感

教学评价使得学习过程变得具有可视性，通过审视自身的学习过程，学生可

以对自己是否进步有清晰的认知,并了解自身的学习轨迹,这样学生会获得一种成就感与自豪感,进而提升并增强学习的自信心,提高的学习积极性。

第三节 大学英语教学评价的具体策略

一、自主评价

(一)要结合具体任务

自我评价要结合具体的任务进行,如针对听力、口语、阅读、写作方面的某一具体任务的完成情况来进行自我评价。比如,在写作课教学中,为了让学生进行循序渐进的训练,教师可以让学生进行 controlled writing(受控写作)。具体实施步骤为:让学生用某章的重点词组来造句,慢慢发展成一段文章(充分发挥自己的想象力),互批造句(利用批改符号),把错句加以改正,给自己一个评价。这样做的目的是提高学生用英语进行思维及活用单词、短语、句型的能力,为进一步写作打下良好的基础。此项活动每周可以进行一次。教师指导学生对第一稿进行自评、他评、修改,即可以得到一篇比较好的短文,虽然仍有点小错。但是这样一个自我评价的过程下来,学生短文写作能力可以得到一定的提升。当然,作文中存在着些许错误,可让学生讨论并改正,这也是自我评价的一种形式。当找出错误后,教师应有针对性地进行评价,纠正错误。几乎每单元都可以采用这种方法。活动结束后,学生可以根据互批和教师批改的情况进行自我反思和评价,把自身存在的知识缺陷及时弥补,达到成句、成篇的写作目的。

(二)要制定反思内容

反思内容最好以表格形式呈现,并且要结合具体的任务来设计。如表9-3-1所示,为关于听力的自我反思表。[1]

---

[1] 王哲:《互联网环境时代背景下的初中英语教育形态》,黑龙江教育出版社2013年版,第213页。

表 9-3-1 关于听力的自我反思表

学生姓名_____	填表如期_____

本人认真回顾了从_____月_____日到_____月_____日早自习时间我的听力情况，我共听了_____次，我的收获不少。

1. 在听力习惯和能力方面，我的进步主要体现在：
2. 我觉得取得以上进步的原因主要是：
3. 在听力过程中，我还有需要改进或克服的问题（听的习惯、语音、语调、句型、非智力因素等）：
4. 老师、同学或家长的建议：
5. 我想说的话：

（三）给自己打分

学生对自己应该有个评价，可以用优、良、中差进行等级评价。当然，也可以考虑按照一定比例进入终结性评价，只是这不是教师个人所能决定的，需要全校教师、学生、家长的综合参与和民主讨论后做出决定。

在教与学的过程中，学生不仅是被评价的对象，而且是评价的参与者。自我客观评价可以提高学生学习的主动性和积极性，促进学生对自己的学习进行反思，并帮助学生掌握评价技术，增加教师的评价信息，这一点是确信无疑的。难的是教师在教学实践中如何实施学生的自我评价。有效地让学生进行自我评价，实际上完善了教师的评价工作。而完善的内容比起让教师来做，能更加有效地促进学生的学业发展。

二、成长记录评价

成长记录是根据教育教学目标，有意识地将学生的相关作品及其他有关证据收集起来，通过合理的分析与解释，反映学生在学习与发展过程中的优势与不足，反映学生在达到目标过程中付出的努力与进步，并通过学生的自我反思激励学生取得更高成就的一种记录方式。成长记录的基本成分是学生作品，学生作品的收集是有目的的，教师要重视学生在成长记录创建和使用过程中的参与，尤其是学生的自主评价和反思。要实行学生学业成绩与成长记录相结合的综合评价方式，一些教师感到困惑的是在操作中所出现的问题。例如，在英语教学中该如何建立和使用成长记录？使用的效果怎样？

（一）成长记录的建立

成长记录作为一种典型的质性评价方式，主要用于教师的课堂评价实践。英语学科的成长记录可以按照听、说、读、写进行分类，根据教学需要进行设计。阅读和写作是英语学习过程中最需要量的积累和结构训练的。下面以阅读和写作为例，提供两个案例，如表9-3-2、表9-3-3所示。①

表9-3-2 阅读成长记录

Name:_____	Class:_____	Date:_____
《_____》第____版，类别:_____	字数:_____	Time spent in reading:_____ min
The main idea of the passage		
The new words I have learnt		
The phrases I have learnt		
The good sentences I enjoy		
每周自我评价和反思 From _____ to _____		
Passages read in week:_____	Reading spend:_____ wpm	
Progress and reasons		
Disadvantages		
Suggestions to teacher		

---

① 王哲:《互联网环境时代背景下的初中英语教育形态》，黑龙江教育出版社2013年版。

表 9-3-3　写作成长记录

Name:	Class:	Date:	The number of compositiongs:＿＿per week			
Type of writing（√）	应用文	记叙文	议论文	说明文	图表式	造句
Approachers to solving the problems						
Techer's comment						
Classmates' comment						
Self comment						

（二）成长记录的运用

1. 每名学生都要有记录

每名学生都需要有成长记录。不过不同学生应建立符合自己特点的成长记录，关注其英语薄弱面的学习过程，随时发现问题、解决问题。建立成长记录可以按照知识模块，也可以按照内容专题，由教师和学生根据学习内容的特点来确定。

2. 成长记录电子化

成长记录需要搜集大量的文本资料和非文本资料。利用先进的设备（扫描仪等）把本来属于非文本的材料电子化、图像化，使查询、展示和反馈更方便，还可以节约大量的空间。一名学生一个电子文件夹，十分方便快捷。

3. 成长记录与学业成绩相结合

成长记录合理使用，能提高学业成绩。学生在学习过程中，如果态度积极，对于教师的指导认真对待，能自主查漏补缺，有切实可行的学习计划和措施，并且对于学业中所出现的问题及时纠正，会有明显的进步。成长记录与学业成绩的结合主要体现在学分认定过程中。也就是说，学分认定要包括"纸笔测验＋平时作业＋课堂表现＋成长记录"。教师要关注学生的过程性学习，关注他们的每一次作业、每一篇作文、每一次测验，关注他们的每一点进步，给他们一个公平的学分。成长记录是对学生学习情况的有目的的收集，它能展示学生在一个或多个领域的努力、进步和成果。学生成长记录是评价学习努力程度、进步程度、学习过程及结果的依据，也是学生对自己学习过程反思的见证。在学生成长记录的创建与使用中，自我评价和自我反思是最重要的环节。

值得注意的是，建立学生成长记录需要师生双方长期的不懈坚持和努力，尤其是起始阶段，需要教师的引导和督促。也就是说，教师需要有意识地提醒学生明确搜集材料的目的，定期进行成长记录的更新，展开学生之间的交流，甚至争取家长的支持，以便相互借鉴、共同提高。随着时间的推移，成长记录会成为教与学的、最为珍贵的第一手资料。

三、档案袋评价

档案袋是一种可以很好地满足学生个性化英语学习需求的自主评价辅导资源。档案袋内容条目应与课程标准的总体描述相符合，同时要考虑教学的阶段性目标与近期目标。下面从听、说、读、写四方面条目的制定来探讨档案袋评价在英语学习评价中的应用。

（一）指导学生在档案袋中做好学习记录

听：

能否听懂教师的教学指令：

能否听懂同伴的交流语：

听音练习时间：　　　　分／天

听音材料所涉及的话题：

完成听音指令的比率：

说：

上课的发言次数：

教师的评语：

同学们的反应：

完成课堂活动情况：

在与同学完成任务时承担的角色、所起的作用：

你学习的话题：

你能用这些话题完成的任务：

读：

阅读量：　　　　字／天

阅读速度：　　　　字／分

阅读的准确率：

能否概括出段意：

生词积累数：

写：

自拟题写作情况（题目、词数、关键词）：

阶段反思：

（二）指导学生选择放入档案袋中的作品

听：

你最喜欢的听音材料：

你最骄傲的听音结果：

说：

你最骄傲的课堂表现记录：

你得到的嘉奖证明：

读：

你最喜欢的作品：

你最感兴趣的作品：

你最骄傲的作品：

写：

修改前的作品：

修改后的作品：

最骄傲的作品：

最不满意的作品：

其他：

学生档案袋中记录的学生学习情况能帮助教师了解学生学习的整体概况，从而做出教育决策。档案袋的评价标准是与为学生们设定的目标直接相关的，是为了评价档案袋的目的是否与学生作品相符合，将这个计划与当前学校使用的评价过程及方法结合起来。学习档案资料的收集可以穿插于教师使用的其他评价活动中，并且通过与其他评价活动的交互过程中发挥作用。

参考文献

[1] 布鲁姆等译:《教育评价》,邱渊等,华东师范大学出版社 1987 年版。

[2] 蔡昌卓、刘振聪:《英语教学研究与论文写作》,广西师范大学出版社 2002 年版。

[3] 蔡基刚:《中国大学英语教学路在何方》,上海交通大学出版社 2012 年版。

[4] 蔡先金等:《大数据时代的大学——e 课程 e 教学 e 管理》,山东人民出版社 2015 年版。

[5] 崔刚、孔宪遂:《英语教学十六讲》,清华大学出版社 2009 年版。

[6] 崔刚、罗立胜:《英语教学理论与实践》,对外经济贸易大学出版社 2006 年版。

[7] 崔长青:《英语写作技巧》,中国书籍出版社 2010 年版。

[8] 樊永仙:《英语教学理论探讨与实践应用》,冶金工业出版社 2009 年版。

[9] 何广铿:《英语教学法教程:理论与实践》,暨南大学出版社 2011 年版。

[10] 何少庆:《英语教学策略理论与实践应用》,浙江大学出版社 2010 年版。

[11] 胡文仲:《高校基础英语教学》,外语教学与研究出版社 2006 年版。

[12] 贾冠杰:《英语教学基础理论》,上海外语教育出版社 2010 年版。

[13] 姜涛:《大学英语写作教学理论与实践》,吉林出版集团有限责任公司 2009 年版。

[14] [英] 柯林·比尔德、[英] 约翰·威尔逊:《体验式学习的力量》,黄荣华译,中山大学出版社 2003 年版。

[15] 柯清超:《超越与变革:翻转课堂与项目学习》,高等教育出版社 2016 年版。

[16] 李莉文:《英语写作教学与思辨能力培养研究》,外语教学与研究出版社 2011 年版。

[17] 李鑫:《英语教学的理论与实践》,知识产权出版社 2012 年版。

[18] 李雁冰:《课程评价论》,上海教育出版社 2002 年版。

[19] 林新事:《英语课程与教学研究》,浙江大学出版社 2008 年版。

[20] 刘尔思:《大学生体验式学习》,云南大学出版社 2011 年版。

[21] 刘润清、韩宝成:《语言测试和它的方法(第 2 版)》,外语教学与研究出版社 1991 年版。

[22] 鲁子问、王笃勤:《新编英语教学论》,华中师范大学出版社 2006 年版。

[23] 孟银连:《高中英语阅读教学中文化知识教学调查研究》,重庆师范大学硕士学位论文 2018 年。

[24] 任庆梅:《英语听力教学》,外语教学与研究出版社 2011 年版。

[25] 隋铭才:《英语教学论》,广西教育出版社 2001 年版。

[26] 孙慧敏、李晓文:《翻转课堂,我们在路上》,浙江大学出版社 2018 年版。

[27] 王琦:《信息技术环境下的外语教学研究》,中国社会科学出版社 2006 年版。

[28] 王素荣:《教育信息化:理论与方法》,社会科学文献出版社 2006 年版。

[29] 王亚盛、丛迎九:《微课程设计制作与翻转课堂教学应用》,机械工业出版社 2015 年版。

[30] 王哲:《互联网环境时代背景下的初中英语教育形态》,黑龙江教育出版社 2013 年版。

[31] 武尊民:《英语测试的理论与实践》,外语教学与研究出版社 2002 年版。

[32] 严明:《大学英语自主学习能力培养模式研究:体验的视角》,黑龙江大学出版社 2009 年版。

[33] 于永昌、刘宇、王冠乔:《大数据时代的教育》,北京师范大学出版社 2015 年版。

[34] 战德臣等:《MOOC+SPOCs+翻转课堂:大学教育教学改革新模式》,高等教育出版社 2018 年版。

[35] 郑茗元、汪莹:《网络环境与大学英语课程的整合化教学模式概论》,中国水利水电出版社 2015 年版。

[36] 钟玉芹:《大学英语混合式教学探究》,电子工业出版社 2017 年版。

[37] 周文娟:《大数据时代外语教育理念与方法的探索与发现》,上海交通大学出

版社 2014 年版。

[38] 彭睿:《大学英语听力水平影响因素及对策》,《安阳工学院学报》2019 第 1 期。

[39] 邵敏:《大学英语听力教学实践与研究》,《课程教育研究》2018 年第 48 期。

[40] 刘卉:《大学英语文化教学中阅读圈教学模式的构建与探索》,《教育现代化》2018 年第 45 期。

[41] 刘俊玲、曾薇:《慕课在高校英语教学中的应用研究》,《考试与评价(大学英语教研版)》2016 年第 5 期。

[42] 王珏:《基于慕课环境的大学英语翻译教学》,《湖北函授大学学报》2016 年第 18 期。

[43] 赵婧宏:《慕课对大学英语写作课堂教学的影响》,《科技资讯》2016 年第 2 期。

[44] 尹苗苗:《"互联网 + 教育"在我国的发展历程探析》,《文教资料》2016 年第 16 期。

[45] 曾春花:《网络多媒体辅助下的英语语法教学探究》,《福建广播电视大学学报》2015 年第 4 期。

[46] 欧阳日辉:《从"+ 互联网"到"互联网 +":技术革命如何孕育新型经济社会形态》,《人民论坛·学术前沿》2015 年第 10 期。

[47] 张楠楠:《基于慕课时代的大学英语课堂教学模式探索与研究》,《科技创新导报》2014 年第 36 期。

[48] 孟祥增、刘瑞梅、王广新:《微课设计与制作的理论与实践》,《远程教育杂志》2014 年第 6 期。

[49] 苏小兵、管珏琪、钱冬明等:《微课概念辨析及其教学应用研究》,《中国电化教育》2014 年第 7 期。

[50] 郑小军、张霞:《微课的六点质疑及回应》,《现代远程教育研究》2014 年第 2 期。

[51] 梁为:《基于虚拟环境的体验式网络学习空间设计与实现》,《中国电化教育》2014 年第 3 期。

[52] 刘红霞、赵蔚、陈雷:《基于"微课"本体特征的教学行为设计与实践反思》,《现代教育技术》2014年第2期。

[53] 张平:《客观认识当前互联网形势》,《群言》2014年第2期。

[54] 汪晓东、张晨婧仔:《"翻转课堂"在大学教学中的应用研究:以教育技术学专业英语课程为例》,《现代教育技术》2013年第8期。

[55] 胡铁生、黄明燕、李民:《我国微课发展的三个阶段及其启示》,《远程教育杂志》2013年第4期。

[56] 黎加厚:《微课的含义与发展》,《中小学信息技术教育》2013年第4期。

[57] 焦建利:《微课及其应用与影响》,《中小学信息技术教育》2013年第4期。

[58] 谢大滔:《体验式教学在大学生英语自主学习中的应用》,《教育探索》2012年第9期。

[59] 胡铁生:《"微课":区域教育信息资源发展的新趋势》,《电化教育研究》2011年第10期。

[60] 吴菲菲、居雯霞、殷炜淇:《语域顺应与小说对话翻译的研究:以〈傲慢与偏见〉人物对话为例》,《上海商学院学报》2011年第S1期。

[61] 夏兴宜:《运用图式理论提高商务英语翻译的水平》,《科教文汇(中旬刊)》2011年第1期。

[62] 朱艳华:《通过自我评估培养非英语专业大学生自主学习能力》,《黑龙江教育学院学报》2009年第8期。

[63] 刘梦雪:《通过自我评估训练促进自主式英语学习的实证研究》,《疯狂英语(教师版)》2009年第4期。

[64] 刘艳晖:《多媒体网络环境下的英语词汇教学》,《湖南第一师范学报》2009年第2期。

[65] 沈彩芬、程东元:《网络多媒体环境下的外语教学特征及其原则》,《外语电化教学》2008年第3期。

[66] 高频:《多媒体和网络环境下大学英语词汇教学改革初探》,《凯里学院学报》2008年第2期。

[67] 郭淑英、赵琼:《大学英语自主学习学生自我评估调查研究》,《黄石理工学

院学报（人文社会科学版）》2008年第1期。

[68] 温俭、杨薇薇:《衔接理论与英语教学》,《教学与管理》2007年第27期。

[69] 陈新汉:《自我评价活动论纲》,《北京师范大学学报（社会科学版）》2007年第1期。

[70] 张长明、仲伟合:《论功能翻译理论在法律翻译中的适用性》,《语言与翻译》2005年第3期。

[71] 楼荷英:《自我评估同辈评估与培养自主学习能力之间的关系》,《外语教学》2005年第4期。

[72] 魏亚琴:《新课程下学生评价方式的变革：浅谈表现性评价》,《辽宁教育行政学院学报》2004年第11期。

[73] 杨惠元:《课堂教学评估的作用、原则和方法》,《汉语学习》2004年第5期。

[74] 肖亮荣、俞真:《论计算机网络技术给大学英语教学带来的机遇和挑战》,《外语研究》2002年第5期。

[75] 刘建达:《学生英文写作能力的自我评估》,《现代外语》2002年第3期。

[76] 滕星:《教学评价若干理论问题探究》,《民族教育研究》1991年第2期。

[77] 张忠魁:《电影配音在口语教学中的尝试》,《上海工程技术大学教育研究》2012年第2期。

[78] 崔冬梅:《翻转课堂视域下的大学英语教学状况研究》,辽宁师范大学2015年。

[79] 郭琬:《微课的应用及其开发研究：以初中语文为例》,陕西师范大学硕士学位论文2015年。

[80] 黄兰:《微课在初中课堂教学中应用的现状分析与对策研究》,浙江师范大学硕士学位论文2015年。

[81] 王曼琪:《"慕课"教学模式评析及实施建议》,内蒙古师范大学硕士学位论文2015年。

[82] 赵富春:《大学英语口语探究式教学研究》,南京航空航天大学硕士学位论文2010年。